ro
ro
ro

Dirk Neubauer, der Bürgermeister der sächsischen Stadt Augustusburg, will unser politisches System umbauen. Denn: Die Demokratie erreicht die Menschen nicht mehr. Das will Neubauer ändern. Sein Weg aus der Krise: das System vom Kopf auf die Füße stellen, die Hierarchie von Bund, Ländern, Kreisen und Kommunen radikal aufbrechen, die Rolle von Parteien hinterfragen und alles, was geht, vor Ort entscheiden – durch die direkte Beteiligung von Bürgerinnen und Bürgern. Dass dies möglich ist, haben er und seine Stadt bewiesen. Dieses Buch will aufrütteln.

Dirk Neubauer, Jahrgang 1971, wurde in Halle/Saale geboren. Parteilos gestartet, trat er der SPD bei, um zu zeigen, dass das politische System von innen heraus zu verändern ist. Der Journalist volontierte bei der *Mitteldeutschen Zeitung*, arbeitete als Reporter und Beauftragter für digitale Medien, war Marketingverantwortlicher für «Jump» und «Sputnik» beim MDR und beriet danach Zeitungsverlage zum Thema Digitalisierung. 2019 erschien sein Buch «Das Problem sind wir».

«Ein kommunalpolitischer Pionier» *Tagesspiegel*

Dirk Neubauer

RETTET DIE DEMOKRATIE!

Eine überfällige Streitschrift

Rowohlt Taschenbuch Verlag

Originalausgabe
Veröffentlicht im Rowohlt Taschenbuch Verlag, Hamburg, Mai 2021
Copyright © 2021 by Rowohlt Verlag GmbH, Hamburg
Redaktion Martin Kulik
Covergestaltung zero-media.net, München
Satz Farnham Text bei Pinkuin Satz und Datentechnik, Berlin
Druck und Bindung CPI books GmbH, Leck, Germany
ISBN 978-3-499-00722-4

Die Rowohlt Verlage haben sich zu einer nachhaltigen Buchproduktion verpflichtet. Gemeinsam mit unseren Partnern und Lieferanten setzen wir uns für eine klimaneutrale Buchproduktion ein, die den Erwerb von Klimazertifikaten zur Kompensation des CO_2-Ausstoßes einschließt.
www.klimaneutralerverlag.de

Geschuldet der Gegenwart.
Gewidmet dem Aufbruch.

Danke, Löwenherz.

INHALT

VORWORT 9

1 STADT. LAND. WUT. 11
Warum unsere Demokratie in Gefahr ist

2 VERTRETER DES VOLKES 39
Was in unserem Parteiensystem schiefläuft

3 DER GOLDENE ZÜGEL 71
Wie Finanzpolitik die Demokratie schädigt

4 ANTRAGSMASCHINE STAAT 103
Warum übertriebene Bürokratie echte Veränderungen ausbremst

5 BÜRGER UND STADT 131
Wie ein Team funktioniert

6 LASST ES UNS ENDLICH ANDERS MACHEN! 163

DANKSAGUNG 191

Vorwort

Das ist ein Weckruf! Eine überfällige Einladung zum Streit! Für die Demokratie. Denn die ist bedroht. Zum einen von denen, die seit Jahrzehnten per Mandat in unserem Namen Politik machen. Zum anderen von uns Bürgerinnen und Bürgern, die wir ebenso lange vergessen haben, dieses demokratische Mandat auch wirklich zu kontrollieren und uns selbst politisch einzubringen.

Nun wachen wir langsam auf und stellen fest: Dieses komplexe, überregulierte, paragraphenreitende und oftmals autokratisch gelenkte Land braucht einen Neustart! Einen konstruktiven Diskurs darüber, wie wir künftig wieder einfacher, ehrlicher und, ja, am Ende auch demokratischer miteinander leben können. Wie wir zu einer Ordnung kommen können, die nicht nur um des Volkes Mandat bemüht, sondern auch wieder mehr von dessen Willen bestimmt ist.

Dieses Buch macht ein Angebot, in diese Auseinandersetzung einzutreten. Es erhebt nicht den Anspruch, die alleinige Lösung zu sein. Wohl aber will es aufrütteln und dazu auffordern, Undenkbares zu denken, Unsagbares zu sagen. Und sich dabei auf Augenhöhe und fair begegnen zu lernen. Demokratie lebt von diesem Diskurs. Lasst ihn uns führen, bevor ihre Feinde unsere Fehler benutzen, ihr ein Ende zu bereiten.

1 STADT. LAND. WUT.

Warum unsere Demokratie in Gefahr ist

Unsere Demokratie stirbt. Und ausgerechnet eine Pandemie macht diesen Prozess sichtbar. Es macht sich Wut breit in unserem Land – und diese zeigt sich besonders im Osten. Zwischen Politik und Menschen klafft ein Graben, der immer tiefer wird. Auf der einen Seite die vermeintlich Abgehängten, die man durch ein Übermaß an politischer Bekümmerung entmündigte und denen man so die Ankunft in einem selbstbestimmten System weitgehend verweigerte. Auf der anderen Seite eine Politik, die sich immer mehr vom Leben entfernt. Die sich einen eigenen Orbit geschaffen hat, der falsche Freiheiten proklamiert und echte Abhängigkeiten schafft. Wenn wir die Demokratie retten wollen, müssen wir alles anders machen.

Die Wut der Abgehängten

Es liegt Wut über dem Land. Alte, gewachsene Wut. Sie ist aus Schmerzen und Erlebnissen gemacht. Aus Übersehen-Sein und Nicht-gehört-Werden. Diese Wut schlug Wurzeln, als die Mauer fiel und die Menschen naiv davon ausgingen, alles würde nun ganz automatisch gut. Sie glaubten, dass der neue Staat nun anders und viel besser für sie sorgen würde. Schließlich hatte er all die bunten Schaufenster und die D-Mark hervorgebracht, während der alte nur Mangel und Enge kannte. Wenig später erkannten die Menschen, dass im Schaufenster kaum noch Produkte aus eigener Produktion stehen würden und ihre Arbeit somit oft nicht mehr gebraucht wurde. Sie spürten, dass hier eine Entwicklung ihren Lauf genommen hatte, die wie ein Panzer durch jeden Lebenslauf rollen würde. Ohne dass der oder die Einzelne noch selbst Einfluss auf das große Ganze hätte nehmen können.

Jene Wut, die sich nährt aus dem Humus der Verletzungen: Umbruch, Dauerarbeitslosigkeit, Gesichtsverlust, Abwicklung. Es ist eine Wut, die in der Kälte der frühen 1990er Jahre heranwuchs. Ein Gefühl der Niederlage. Der Missachtung von Lebensleistung. Die misslungene Ankunft einer gerade neu geborenen Gesellschaft, obwohl die Menschen im Osten eigentlich auf einen gemeinsamen Neuanfang gehofft hatten. So wuchs sie heran, die kraftvolle Wut. Heimlich. Bis ins Heute. Gefüttert von Erinnerungen von einst und den politischen Kümmerern, die nun alles und jeden organisieren wollten und damit die Entwicklung von Eigenverantwortlichkeit verhinderten. Ungesehen und ungehört wie deren Träger, suchte sich diese Wut Ausdrucksformen. Die Folgen sind ein Rückzug in die private Heimlichkeit, die bewusste Abkehr von Teilhabe und das anonyme Kreuzen von Extremen auf dem Wahlzettel. Und jetzt, befeuert durch die aktuelle Situation der Coronapandemie, gewinnt diese Wut erneut an Kraft, wird breit und akzeptiert.

Der rumorende Osten. Erstmals scheinbar gewaltiger als der große Bruder West, der sich ähnlich wie zur Wende augenreibend und staunend vor dem Fernseher wiederfindet. Er bedroht nun sehr viel mehr, als wir wahrhaben wollen. Dieses schweigsam-wütende Land. Diese unerhörte Gesellschaft am Rande der zusammengeflickten Republik hat das Potenzial, das gesamte Land mitzureißen. Denn hier haben die Menschen eine tiefgreifende, epochale Erfahrung gemacht: Kollektive Verweigerung kann Systeme stürzen. Corona stellt nicht die größte Gefahr für unser Miteinander dar. Es sind nicht die AfD, der Dritte Weg, die Querdenker und was es sonst noch so gibt, die dieses Land und die Demokratie gefährden. Es ist das politische System selbst, das dies alles zu verantworten hat.

Zu lange haben wir grundlegende Probleme in unserem Land ignoriert. Nun wird uns im Zeitraffer klar, dass wir alles anders machen müssen. Dass diese Wut endlich eine Antwort verlangt, hat sich besonders im Verlauf der Coronapandemie gezeigt.

Die Pandemie: eine gescheiterte Bewährungsprobe

Es ist 2020. Ein hartes Jahr hat dem gesamten Land eine harte Prüfung auferlegt. Corona brachte alles zum Stillstand. Lockdown, Shutdown. Lockdown light. Weihnachten im Krisenmodus. Stille Nacht im Wortsinne. In föderalistischer Uneinigkeit stolperte sich die Republik im Frühjahr durch die erste Welle der Pandemie. Unterschiedliche Regeln in jedem Land.

Komplex und im politischen Wettbewerb eher dynamisch als konsequent. Darüber ein Bund, der gemeinsam mit der Wissenschaft ebenso mahnend wie erfolglos suchte, Einigkeit zu schaffen. Darunter die Länder, die zuerst ihre Hoheiten verletzt sahen, bevor sie sich der Bedrohung stellten. Die Pandemie mit all ihren Auswirkungen offenbarte gnadenlos alle Schwächen am politischen Apparat dieses Landes. Der Kaiser stand nackt da. Splitterfasernackt sogar.

Wir erlebten Schulen, die in Ermangelung von digitalen Grundausstattungen einen Fernunterricht per Aufgabenzetteln am Gartenzaun organisierten. Eine Verzweiflungstat, die der sächsische Ministerpräsident Michael Kretschmer noch zu einer Art Heimatgefühl zu verklären suchte. Dann die Entdeckung des Homeoffice, die zugleich sichtbar machte, in welch bedauernswertem Zustand die Kommunikationsnetze Deutschlands – einer immer noch führenden Wirtschaftsmacht – sich befinden und wie wenig digitale Kompetenz im Volk vorhanden ist. Milliardenhilfen rollten übers Land, suggerierten Tatkraft, Sicherheit und ein «Wir lassen niemanden zurück». In Wahrheit handelte es sich meist um Darlehen. Gut und nötig im Moment – am Ende für viele aber eher eine Hypothek, eine Wette auf eine mehr als ungewisse Zukunft. Gerade im Osten der Republik, wo die Eigenkapitalquoten und Ersparnisse auch nach 30 Jahren noch immer hoffnungslos denen im Westen hinterherhecheln. Ohne eine redliche Chance, diese jemals einzuholen.

Auch wenn das Land vorübergehend im Vergleich zum Rest der Welt zum Pandemievorbild in Sachen Kompensation erklärt wurde, waren die Auswirkungen dieser gesundheitlichen und politischen Krise für die Menschen im Land deutlich spürbar.

Man denke nur an zahllose gastronomische Betriebe, die nach einem ungewissen Ende dieser Seuche 50 000 Euro zusätzlicher Belastungen auf ihren Schultern wissen, danach aber nicht die doppelte Anzahl von Gästen zu erwarten haben. Daneben ganze Kohorten von Menschen, die von vornherein ganz durchs Raster fielen.

Oft traf es ausgerechnet die kreativen jungen Menschen, die sich bereits in neue, digitale oder künstlerische Arbeitswelten aufgemacht hatten: Die Programmierer, die Gestalter und Gründer. Diejenigen also, die man auch in der Politik gern aus Werbegründen hervorhebt, über deren Förderung man in Hochglanzdiskussionen philosophiert. Bei solchen Bestrebungen will die Politik eine Botschaft senden: «Seht her, wir sind hip in diesem Land. Wir bauen nicht nur Autos mit zweifelhaften Abgasnormen.» Doch genau diese hippen Kreativen, die eigentlich dafür sorgen sollen, dass hierzulande Start-ups, Co-Working-Spaces und Creative Hubs keine Fremdwörter bleiben – ihnen wurde zum überwiegenden Teil wirkliche Hilfe versagt. Stattdessen winkten medienwirksam präsentierte Unterstützungen, die Betriebskosten auszugleichen suchten, wo keine waren. Nötig gewesen wäre ein Ersatz für ausgefallene Unternehmerlöhne und damit eine Existenzfinanzierung der Kreativszene. Und obwohl darüber monatelang öffentlich geredet wurde, wurden die nötigen Schritte schlicht nicht eingeleitet.

Ebenso traf es die Kulturszene, die einen nie dagewesenen Rückschlag verkraften musste. Jene so wichtige Branche, die oft den Kitt der Gesellschaft liefert. Die ausgleicht, spiegelt, Menschen Freude, Gleichgewicht und Offenheit verleiht. Auch sie wurde vergessen.

Zeitgleich flossen Milliarden in die Industrie. Altbekannte Muster wurden bedient. «Automotive forever!» Eben noch der

Datenschwindelei überführt, erhielt dieser Industriezweig fünf Milliarden Euro. Insgesamt neun Milliarden flossen in die Kassen der Lufthansa. Schnell zeigte sich, welche Prioritäten dieses Land setzt. Und eben auch, welche nicht.

Zudem wurde auf alarmierende Weise offenbar, wie wenig lernfähig die Politik tatsächlich sein kann. Als nach einem entspannten Sommer, an dessen Ende die Virologinnen und Virologen sehr klar und für jeden vernehmbar eine zweite Welle vorausgesagt hatten, diese tatsächlich wie auf Ansage eintrat, da wiederholte sich dieser Albtraum vom Jahresbeginn. Wie in einem schlechten Déjà-vu. Warum? Weil die Politik schlicht und ergreifend die Zeit nicht genutzt hatte, die Fehler abzustellen. Statt das im Frühjahr Gelernte in einen konsequenten Plan zu gießen, der bei leisesten Anzeichen eines neuen Ausbruches aus der Tasche zu ziehen wäre. Statt zu verhindern, dass schon wieder nur halbherzige Entscheidungen getroffen werden. Statt Gesundheitsämter zu digitalisieren und so aufzustocken, dass diese einem neuen Ansturm besser gewachsen sein könnten. Stattdessen geschah weitgehend nichts. Ebenso fehlten langfristige Strategien, wie man künftig mit dem Virus leben könnte. Was wir in dieser Situation politisch wirklich gebraucht hätten, wären konsequente und lebensnahe Lösungen im Kleinen wie im Großen gewesen. Vielleicht hätte man verhindern können, dass die ganze Nation planlos von Halblockdown zu Halblockdown stolpern musste.

Zu Beginn der zweiten Welle blieb alles beim Alten. Statt Luftreinigern in den Schulen gab es von der Kanzlerin Hinweise zum Springen und Klatschen, sollte einem bei aufgerissenem Fenster im Dezember unter der Maske kalt werden. Statt digitaler Lernsysteme herrschte in Sachsen erst mal zwei Tage Server-Lockdown – angeblich soll ein Hackerangriff schuld gewesen sein. Wahrscheinlicher ist wohl die bloße Überlastung des Systems. Diese technischen Probleme begleiten das System bis zum heutigen Tag wie ein Schatten.

Verordnungen und Allgemeinverfügungen wurden mit erkennbar heißer Nadel gestrickt. Die letzte 2020, die schließlich den vorfristigen Lockdown in Sachsen verkündete, erreichte die Kommunen an einem Freitagabend. Umzusetzen zum darauffolgenden Montag. Ein Unding, wenn man zum Beispiel von den Eltern für die Notbetreuung der Kinder einen Nachweis des Arbeitgebers verlangt, der die Systemrelevanz der Tätigkeit bestätigt.

Chaos breitete sich aus. Und ebenso schnell das Virus. Es war ein erschreckendes Beispiel der immerwährenden Hand-in-den-Mund-Politik, die in Deutschland auch schon vor der Pandemie praktiziert wurde.

Augustusburg: meine typisch untypische Stadt in Sachsen

Dies alles erfasste auch meine Stadt. Augustusburg. Eine beschaulich schöne Kleinstadt, 17 Kilometer östlich von Chemnitz. Zwei Schulen. Ein Supermarkt. Ein bisschen Gewerbe. Ein bisschen Handwerk. Ein Skihang auf 500 Höhenmetern mit wenig Aussicht auf eine große Zukunft in Zeiten des Klimawandels. Keine arme Stadt. Eher eine Art Exklusivstandort im Speckgürtel von Chemnitz, dem Hidden Champion Sachsens. Schöne Wohnstandorte mit Villenbestand. Zwei Nachwendeneubaugebiete, wie es sie überall gibt. Weitgehend in sich geschlossene Satelliten. Heile, neue Welten mit Anschlussschwierigkeiten an das gewachsene Umland. Im Kern, hoch oben auf dem Berg und doch im Schatten des gewaltigen Jagdschlosses eine historische Altstadt. Viel Wald drumherum. 4500 Einwohnerinnen und Einwohner leben hier. Tendenz nach einem Jahrzehnte andauernden Aderlass wieder leicht steigend.

Es bleiben die Erinnerung an Zeiten, als jährlich Hunderttausende ebendieses über der Stadt thronende Jagdschloss besuchten, das Kurfürst August erbaut hatte. Der Großvater des Fürsten, der als der Starke in die Geschichte einging, war ein guter Regent, der den Grundstein des sächsischen Reichtums dadurch begründete, dass er neuen Dingen sehr aufgeschlossen gegenüberstand. So förderte er den Bergbau, der seinem Enkel später zu großem Reichtum verhalf. Alles kommt vom Bergwerk her, heißt es in der Region. Noch immer. Hier ist das Leben eigentlich noch halbwegs in Ordnung.

Aber auch in Augustusburg macht die typische Demographie des ländlichen Raumes das Buchstabieren von Zukunft immer schwieriger. Zwar gibt es noch eine Grundschule und auch ein privates Gymnasium. Aber spätestens mit dem Verlust der Oberschule Anfang der 2000er Jahre begannen die Menschen zu ahnen, dass das Schreckgespenst der sterbenden Stadt noch nicht verbannt worden ist. Eine kollektive Angst, die in den Menschen wohnt, seit Kunstlederfabrik und Baumwollspinnerei im Wendewandel verlorengingen. Damals, als die «gute alte Zeit» zusammen mit den Arbeitsplätzen unterging und durch Arbeitsamt, Umschulung und Stadtflucht ersetzt wurde. Diese kleine Stadt im Schatten des alten, ehrwürdigen Jagdschlosses. Sie kann als Beispiel gelten für einen ganzen Landstrich, für einen erheblichen Teil unseres Landes. Befreit und doch zu geschwächt, um aus eigener Kraft den Neuanfang zu wagen. Weil Menschen in Massen und in Klasse verlorengingen. Weil Arbeit hier immer noch Mangelware ist. Und nicht zuletzt, weil die Politik – den vielen Hochglanzreden vom Erhalt des ländlichen Raumes zum Trotz – nur Förderprogramme gebiert und keine Selbstbestimmung. Auch hier, in meiner Stadt, war beinahe jeder Glauben verloren, dass es irgendwann anders laufen könnte.

Wie auch anderswo im Osten wählten Bürgerinnen und Bürger hier zu Europa- und Landtagswahlen bis zu 30 Prozent AfD. Die Politik bekommt ihre gerechte Strafe, heißt es. Für all das, was auf den Menschen lastet. Und dafür, dass dies auch lange niemanden wirklich interessierte. Bei der letzten Bürgermeisterwahl wurde ich, der amtierende Sozialdemokrat, mit 68 Prozent der Stimmen sehr deutlich bestätigt. Gegen einen AfD-Kandidaten und drei weitere Bewerber. Weil man hier vor Ort Gesichter wählt, denen man vertraut. Vielleicht auch, weil die letzten Jahre Lokalpolitik die Stadt mit vereinten Kräften gut entwickeln konnte. Und vielleicht auch, weil in der letzten Konsequenz dann doch kaum jemand daran glaubt, dass die Alternative für Deutschland auch eine solche ist. Der scheinbare Widerspruch zwischen den Wahlen im Kleinen und im Großen. Er ist beispielgebend für den gesamten Osten. Und auch für den Rest des Landes.

Der Aufschrei des Ostens

Vorweg: Nein, ich mache das Ergebnis nicht an mir und meiner Person fest. Wenngleich es auch meine sowie die Arbeit aller anderen Beteiligten bestätigte und den Wunsch nach einem «Weiter so» deutlich signalisierte. Doch eine solche Wahl – wie inzwischen üblich – zu einer reinen Personenwahl zu verkleinern, um sich auf Parteiebene nicht mit unangenehmen Konsequenzen beschäftigen zu müssen, wäre trotzdem falsch. Natürlich wählen Bürgerinnen und Bürger gerne Menschen, denen sie vertrauen. Doch es gibt eine erschreckende Tendenz, Parteizugehörigkeit im Wahlkampf auszuklammern. Viele Kandidatinnen und Kandidaten lassen auch auf dem Wahlzettel inzwischen nur noch ihren Namen drucken, obwohl sie einer Partei angehören. Ja, man tarnt sich regelrecht, um seine Chancen als Bewerberin oder Bewerber um ein Amt zu steigern. Auch ich wurde ungläubig befragt, ob ich mich tatsächlich offiziell als SPD-Kandidat aufstellen lassen wolle. Und es folgte die Erklärung, dass ich das ja nicht müsse. Schließlich könne ich dies auch als Einzelbewerber tun. Aus den eigenen Parteireihen wohlgemerkt. Es wirkt ein wenig so, als hätte die Politik die Parteien schon fast aufgegeben – doch damit werden wir uns im folgenden Kapitel ausführlich beschäftigen.

Was also zeigen diese Wahlen, die die gesamte Republik zum Beben brachten? Dass es nicht die direkte, vor Ort erlebte und verantwortete Situation ist, die den allseits gefürchteten Aufstieg der AfD generiert und begründet. Es ist der politische Überbau, der als Problem identifiziert ist. Jener Apparat, der mit seinen etablierten Bestandteilen in Form der «Altparteien» und deren gefühlt ewig gleichen Kandidatinnen und Kandidaten seit Jahrzehnten die Geschicke des Landes lenkt. Immer gleiche Köpfe, die immer und immer wieder in jeweils anderer Funktion für eine Politik eintreten, die man hier (und nicht nur hier) nicht als die richtige ansieht. Es ist dieses übergeordnete «Weiter so», das diese Reaktionen der Bürgerinnen und Bürger produziert, füttert und täglich neu auflädt. Ein Reflex der Notwehr, könnte man beinahe sagen. Eine Art kleine Rache und eine Genugtuung, die Menschen erfüllt, wenn sie ihr Kreuz bei der AfD setzen. Denn sie ahnen in diesem Moment den gewaltigen Aufschrei voraus, der daraus folgt. Und sie wissen, wie sehr sie das System damit treffen. In diesem einen Moment erhält ihre Stimme Bedeutung. In diesem Moment werden die Übersehenen sichtbar. Endlich. «Seht her. Mit uns müsst ihr nun rechnen.»

Tatsächlich glauben im Umkehrschluss nur wenige, dass diese vermeintliche Alternative wirklich Lösungen bietet. Vielmehr ist es der gelernte Feind, gegen den man sich auflehnen will. Einen Feind, den man von früher kennt, als die Diktatur des Proletariats abgehoben und unerreichbar als «das System» über das Land bestimmte. Ein gleicher Kampf mit den Mitteln, die diese scheinbar unantastbare Herrschaft damals beendete: dem Dagegensein. Verweigerung bringt Veränderung. Das ist die historische Erfahrung, deren Wucht nicht unterschätzt werden darf.

Der Irrtum im Rest der Republik besteht darin, anzunehmen, der Osten sei wirklich in breiter Masse für Freiheit, Gleichheit und Brüderlichkeit auf die Straße gegangen. Wenn es damals ein «Für etwas» gab, dann mehrheitlich ein materielles. Man wählte die D-Mark und die vermeintliche Freiheit, die der Mauerfall versprach. Nicht die Menschenrechte. Das Märchen der friedlichen Revolution. Es ist längst von der Geschichte eingeholt. Und was bis heute blieb, sind die ökonomischen Unterschiede, die noch immer ungleichen Entwicklungschancen zwischen West und Ost und die weitgehende politische Unsichtbarkeit und Bedeutungslosigkeit des sogenannten Beitrittsgebietes.

So liegen die Motive für eine nachhaltige Frustration im Osten der Bundesrepublik in vielen Feldern begründet. Und auch jene, die eigentlich als Erfolgsbeispiele der Wende gelten, können von diesem Sog erfasst werden. Zum Beispiel dann, wenn niemand ihr Lebenswerk fortführen möchte. Wenn das Unternehmen oder das Haus ein endliches Glück markieren, da die Kinder notgedrungen oder inzwischen beinahe automatisch ihr Heil in der Flucht gesucht haben. Erst in den Westen – nun in die großen Städte auch im Osten. Hauptsache weg.

All das suggeriert: Im Osten gibt es keine Zukunft. So sind längst nicht nur die «Abgehängten» wütend, also jene, die wirkliche Einschnitte, wirkliche Verluste beim Wechsel der Systeme erlitten haben. Die Unzufriedenheit mit dem «System» ist nicht mehr beschränkt auf die ewigen Nörgler, deren Klage zwischenzeitlich selbst hier in der ostdeutschen Gesellschaft niemand mehr aufnehmen wollte. Es betrifft nicht mehr nur Menschen, die im sozialen Aus ihr Dasein fristen müssen, weil sie seither nie wieder Anschluss an die Gesellschaft gefunden haben. Jene, die niemand mehr «brauchte».

Nein. Diese Wut frisst sich nun durch alle Schichten der Gesellschaft und speist sich aus vielen Ungerechtigkeiten, die nicht selten auch objektiv vorhanden sind: Bürokratie, lebensferne Verwaltungspraxis und eine entrückte Politik, die für viele einfach unerreichbar erscheint. Für die meisten hier ist dieses System somit vor allem eines. Weit weg. Dresden ist der Mond. Berlin die Milchstraße und Europa ist Pluto. Maximal empfängt man die Signale aus dem Orbit. Einen Rückkanal gibt es nicht.

Die entrückte Politik

Die Politik hat offenbar bereits vor Jahren beschlossen, den lokalen, erlebbaren Politikraum zu entpolitisieren und alle Verbindungen zu kappen. Anders ist nicht zu erklären, dass sie kampflos die letzte Meile der Politik zu den Bürgerinnen und Bürgern einfach räumte. Die Kommune als demokratischer Erlebnisraum wurde langsam, aber unaufhaltsam von den direkten Parteiverbindungen entkoppelt. Warum? Zum einen hatte die Politik des Kümmerns von oben herab den Menschen jegliche politische Kompetenz und Selbstbestimmung genommen. Zum anderen sinkt die Zahl derjenigen, die sich am untersten Ende der politischen Nahrungskette noch für eine Partei engagieren wollen. Zwar gibt es sie noch, die Ortsgruppen der Parteien. Aber sie werden kleiner. Und es ist selten, dass diese wirklich noch politisch aktiv sind. Im Ort. Nicht zuletzt, weil es eher nach Dienen denn nach Machen riecht.

Handlanger der übergeordneten Politik zu sein, reicht Menschen nicht, die sich wirklich engagieren wollen. Zu sehr erinnert dieses neue System mittlerweile an ein altes, das man vor drei Jahrzehnten abgelöst hatte. In dem der Parteisekretär vor Ort nicht selten schulterzuckend ausführte, was im Einheitsbrei der Partei beschlossen wurde.

So sind es nur noch wenige Bürgerinnen und Bürger, die wirklich eingebunden sind in das, was Politik tut. Ganz wenige, die wirklich Einfluss haben. Ein paar mehr, die das vielleicht noch glauben.

Dieser offensichtliche Mangel – diese Lücke zwischen Politik und wahrem Leben – wurde von uns jahrelang schlichtweg ignoriert. Statt in echte Basisarbeit zu gehen und den Menschen Politik wieder näherzubringen, verbreitete sich das Märchen der sachlichen Kommune. Hier wurde von einer fernen Welt berichtet, in der «Parteipolitik keine Rolle» spiele. «Da unten beim Volk. Da geht's um die Sache und nicht ums Parteibuch oder ideologische Grabenkämpfe.» Das war die Botschaft. Abgesehen davon, dass die Bürgerinnen und Bürger sich wünschen, dass es außerhalb ihrer Kommune ebenfalls eher um die Sache und nicht um Parteipolitik gehen würde, eine wirklich absurde Strategie. Hier wurde die Entfremdung der Politik sichtbar. Das lange schon schwelende «die da oben» und «wir hier unten» wurde so vom Gefühl zur Realität.

Es war der bequeme Weg, den man gewählt hatte. Aber es war auch der Weg, der weg von der Basis führte. Die Folge: Einerseits beraubte man sich wichtiger Rückmeldungen dieser Basis, die essenziell für unsere Demokratie sind. Andererseits wurde Kommunalpolitik noch abhängiger davon, was auf Landes- oder Bundesebene geschah.

Mag sein, dass inzwischen einige diesen Fehler erkannt haben und beispielsweise die Jusos und andere aktiv in Diskussion darüber treten. Zu heilen ist der Schaden kaum, der über jahrzehntelange Entfremdung entstanden ist. Wir erleben nichts weniger als den Sterbeprozess unserer demokratischen Tugenden.

Unsere einzige Chance besteht darin, sich dem gigantischen Gesprächsstau in Demut zu stellen. Wer das tut, wird gute Nerven brauchen. Sie oder er begibt sich auf eine Mission mit ungewissem Ausgang, die aber unsere einzige Chance ist, wieder Anschluss zu finden.

Ja, ich weiß. Da sind die vielen Landtagsabgeordneten, die jetzt den Finger heben. Schließlich sind sie es doch, die diesen Kontakt herstellen sollen. Natürlich gibt es eine Menge politisch aktive Menschen, die unglaubliche Kilometer machen, Veranstaltungen abreißen, um irgendwie präsent zu sein. Und ja, es gibt auch viele, sehr viele, die ehrlich kämpfen, den Kontakt nicht nur zu halten, sondern auch aufzuwerten. Fakt aber ist: Ohne echte kommunale Basis. Ohne direkte Verantwortung keine Erdung. Ohne Erdung kein wirklicher Kontakt zu den Bürgerinnen und Bürgern. So schwebt die Politik inzwischen zum Großteil im luftleeren Raum und hat nicht zuletzt auch deshalb ihre Glaubwürdigkeit verloren. Was im Westen vielleicht in den Hinterzimmern, den Ortsgruppen und den bierseligen Stammtischen als gelernte politische Beteiligungsstruktur noch existiert, ist im Osten kaum entstanden.

Ostschicksale

So ist das Volk weitgehend allein mit sich und seinen Sorgen. Politischer «Widerstand» erwächst aus dem Gefühl, nicht selbst ändern zu können, was einen betrifft. Aus nicht geführten Diskussionen. Und aus Vorsicht. All dies hat gerade im Osten historische Wurzeln – und die daraus entstehenden Schicksale sind symptomatisch für den tiefen Graben, der in diesem Land zwischen Politik und Menschen entstanden ist. Beispiele dafür kenne ich viele.

Nehmen wir etwa eine Lehrerin, die bereits zu DDR-Zeiten engagiert war. Sie hat sich trotz des Stigmas der Konformität mit dem untergegangenen Land zurückgekämpft und bildet gemeinsam mit ihren Kolleginnen und Kollegen faktisch das Rückgrat der ansonsten ziemlich maroden sächsischen Bildung.

Sie predigt keine DDR-Nostalgie und gibt alles, um den Kindern einen guten Start in diese Welt zu bahnen. Sie engagiert sich voller Energie und ohne Rücksicht auf Überstunden. Doch ihre Vorschläge, wie man Probleme trotz Personalmangel in den Griff bekommen könnte, verkümmern bereits auf Arbeitsebene. Niemand, der zuhört. Keine Debatte. Kein Interesse. Stattdessen eine offene Skepsis des staatlichen Kultusbetriebes gegenüber jenen «Altlehrenden».

Mehr als einmal stellte das System seit der Wende die Qualifikation solcher Menschen in Frage. Und obwohl diese Frau immer und immer wieder an der Einbahnstraßenmentalität des Systems abprallt, engagiert sie sich. Nicht nur im Job, sondern auch im privaten Bereich, im Ortschaftsrat, im Kulturförderverein. Viele private Stunden werden wie selbstverständlich in das Wohl der Allgemeinheit investiert. Sie resigniert nicht, schließt sich nicht dem wütenden Protest an. Trotzdem hindern sie die Reaktionen auf ihre Bemühungen daran, sich politisch noch einmal ernsthaft auf den Weg zu machen, mehr zu versuchen. An dieser Stelle winkt sie ab. Sie glaubt nicht mehr an die Möglichkeit, etwas Grundsätzliches verändern zu können. Und so verlieren wir nicht nur jene, die aufgegeben haben. Wir verlieren auch jene, die eigentlich etwas wollen. Weil wir sie nicht sehen. Nicht hören. Und nicht ernst nehmen.

Mit diesem Erfahrungshorizont ist sie nicht allein. Selbst die, die scheinbar unbestritten erfolgreich sind, fühlen sich vom jetzigen System nicht verstanden oder gar beachtet. Nehmen wir beispielsweise einen Unternehmer. Er, heute Mitte 60, startete nach der Wende mutig in die Selbständigkeit. Harte Jahre, in denen er viel Lehrgeld zahlte: nicht beglichene Rechnungen aus Partnerschaften mit Aufbauhelfern West. Kaum Kenntnis vom Geschäft und dem System an sich. Dennoch erste eigene Projekte. Zähne zusammenbeißen und durch. Endlich auf Erfolgskurs. Jahrzehntelang. Nebenher wurde alles andere hintenangestellt. Familie, Kinder – zwar stets anwesend, aber nicht dabei. Samstag im Büro die Regel. Doch es ging aufwärts. Und das ist doch, was heute zählt. Eine typische Geschichte, wie man sie im Westen auch findet. Und doch ist sie anders, denn sie endet nicht mit einem Happy End.

Als ich mit besagtem Unternehmer redete, hörte ich die typischen Klagen: Frust auf den Staat, übertriebene Bürokratie, immer neue Vorschriften und Regeln, die teils eher einer Posse als einem sinnvollen Tun ähneln. Und immer wieder die Fragen: «Was soll das alles? Wissen die denn nicht, wie schwierig es ohnehin schon alles ist?» Die neue Republik wurde nie Heimat und der erfolgreiche Unternehmer zum besten Beispiel der Frustration, die Menschen in den Protest führt. Auch, weil am Ende niemand das Erreichte weiterführen wird. Denn die Kinder sind längst weg. Irgendwo im Nirgendwo. Umsonst der steinige Weg. Auch das macht wütend.

In seiner Wahrnehmung wurde den Menschen im Osten viel zu lange die Schuld an allem gegeben: an 40 Jahren DDR. An Misswirtschaft, Unfreiheit und allem, was nach der Wende schiefging.

Kein Einzelfall. Im Gegenteil. Und dem langen Schweigen folgt nun der «Widerstand». Endlich. Und sei es nur mit einem Wutkreuz auf dem Wahlzettel. Oder eben auch mit mehr. Inzwischen hat sich ein Sammelbecken für all jene gebildet, die zweifeln, schimpfen oder – auch das gehört zur Wahrheit – die tatsächlich etwas verändern wollen. Die AfD.

Die AfD: ein Symptom unserer krankenden Demokratie

Nun gibt es also seit einigen Jahren eine selbsternannte Alternative, die sich gerne als neue, unbelastete Kraft und seriöse Partei zu gerieren sucht. Faktisch ist sie bis heute nicht mehr als ein Sammelbecken von Unzufriedenheit, Wut und realer Kritik. Ein Instrument, Protest bestmöglich sichtbar zu machen. Darin liegt die Stärke und wahrscheinlich auch der große Nutzen aus Sicht ihrer Wählerinnen und Wähler, die besonders hier im Osten immer noch übersehen werden. Eine Partei, die zwar von Extremen unterwandert, mehrheitlich aber nicht extremistisch ist.

Die AfD darauf zu reduzieren, rechtsextrem zu sein, ist wohl der schwerste Fehler, der seit ihrem Entstehen immer wieder gemacht wird. Ebenso, wie die Partei der Ausgegrenzten ausgerechnet mit Ausgrenzung bekämpfen zu wollen. Denn so vielschichtig die Ursachen sind, die Wählerinnen und Wähler zur AfD treiben, so differenziert müsste man sich dem Thema stellen. Stattdessen werden im öffentlichen Diskurs immer wieder pauschale Angriffe gefahren. Die Stigmatisierung als rechtsextreme Kraft soll diese Partei daran hindern, weiterzuwachsen. Tatsächlich sorgt dies dafür, dass sich die Basis der AfD weiter festigt. Denn wer eine Partei pauschal bewertet, tut dies auch mit den Menschen, die ihre Stimme dafür abgeben.

Hier liegt der Kardinalfehler, den wir erkennen müssen: Wer die AfD aus Protest wählt, der identifiziert sich nicht zwingend auch mit deren Programm oder handelnden Personen insbesondere vom rechten Rand. Und so fühlt sich ein Protestwähler aus seiner Sicht zu Unrecht attackiert, wenn er mit ebendiesen Extremen im gleichen Satz beurteilt wird. Was den Protest eher stärkt, statt ihn zu brechen. «Ich bin kein Nazi», ist einer der häufigsten Sätze, die ich von AfD-Anhängern oder -Wählern sofort und ungefragt zu hören bekomme. Und zugleich auch einer der richtigsten.

Eine andere Debatte um die AfD sollte ebenfalls zu denken geben: Ende 2020 gab es eine Diskussion über zwei Landkarten. Eine markierte die Hochburgen der AfD, und die andere zeigte die Regionen, in denen die Pandemie besonders wütete. Hier sollte augenscheinlich ein Zusammenhang zwischen der AfD und der Verbreitung des Virus suggeriert werden. Und tatsächlich finden sich ja auch reichlich Zitate von AfD-Granden, die COVID-19 zu relativieren suchen und die staatlich verordneten Schutzmaßnahmen als Eingriff in die Menschenrechte oder gar als Versuch der Entmündigung verunglimpfen. Doch ist die AfD tatsächlich auch hier das Problem? Ich denke nicht. Sie ist lediglich ein Vehikel, das transportiert, was ihre Anhänger denken. Hier wird deutlich, dass Skepsis und Ablehnung des Systems die Wählerinnen und Wähler eine Partei unterstützen lassen, die sich auch gegen die Maßnahmen der Pandemiebekämpfung richtet. Und so zeigen beide Karten lediglich eines: Regionen, in denen die Wellen des Protestes besonders stark sind.

Das sollte für uns ein viel größeres Warnsignal sein. Wir dürfen die Wählerinnen und Wähler der AfD nicht auf ihre Verbindung zu einer Partei am rechten Rande reduzieren. Das ist zu kurz gedacht. Vielmehr ist die AfD die Schaumkrone auf der Welle. Nicht umgekehrt.

Wie schwach und irrelevant die AfD tatsächlich (noch) ist, zeigt sich in der direkten politischen Arbeit vor Ort: in den Städten und Kommunen. Hier, wo der Bezug der Menschen zu dem, was entschieden wird, sehr direkt und unmittelbar ist. Hier traut man der AfD offenbar wenig Lösungskompetenz zu. Nicht ohne Grund hat die AfD noch kaum Rathäuser für sich gewinnen können.

Bei meiner Wahl im Oktober 2020 zeigte sich ein recht typisches Bild. Denn auch ich hatte einen AfD-Gegenkandidaten. Nicht aus dem Ort, denn hier hatte die Alternative trotz großer Mühe niemanden finden können, der kandidieren wollte. Nein. Stattdessen jemand von außen: Mike Moncseck. Wenig ortsfest und klassisch populistisch. Schnell war klar, wogegen er ist. Weniger klar war, wofür er eintreten wollte. Und auch er bediente im Wahlkampf die bekannten Klagen und appellierte an die guten alten Zeiten. In einer Diskussionsveranstaltung kumpelte er in den Saal: «Ihr habt doch auch alle noch das DDR-Gen.» Was bedeuten sollte: Ich verstehe euch und ich bin einer von euch. So war die gesamte Kommunikation aufgebaut.

Er tourte durch die Ortsteile und erzählte jedem, wie toll die AfD sei. Jene Partei, die andere jagen will und mit demokratischen Grundwerten nicht viel gemein hat. Interessant war, welche Überschriften er für sein Stadtprogramm wählte: Bürgerbeteiligung und Tourismus waren seine Schlagworte. Zwei Hauptthemen, die ich seit 2013 massiv gemeinsam mit den Bürgerinnen und Bürgern sowie meinem Team bearbeitet hatte. Dass er am Ende mit einer solch uninspirierten Kopie über zehn Prozent bekam, zeigt auf, wie hoch die Kernwählerschaft tatsächlich einzuschätzen ist. Die 30 Prozent, die ihr Kreuz bei Europawahlen bei der AfD gesetzt haben – sie nutzten dies hingegen nur als Mittel, dem Osten endlich Gehör zu verschaffen.

Der Graben zwischen Politik und Mensch

Dass ich mich am Ende deutlich durchsetzen konnte, hat auch mit der intensiven Arbeit vor Ort zu tun, die wir hier gemeinsam leisten. Je mehr man für seine Leute da ist, desto besser. So wird einem selbst in Sachsen das SPD-Parteibuch verziehen. «Hat ja mit dir nichts zu tun», heißt es, wenn ich in die Debatte zu verschiedenen Politikthemen gehe. «Du machst ja deinen Job.» Da ist sie, die Entkoppelung von Politik und Basis.

Ich nehme als parteiorganisierter Politiker Positionen ein und vertrete diese auch offen. Ich bin hier vor Ort sichtbar, ansprechbar und einer, der sich engagiert. Ich grenze nicht aus und versuche, mit jedem zu reden. Weil ich glaube, dass es anders nicht gehen kann. Und weil ich weiß, dass resigniertes Abwinken und Sätze wie «Macht doch, was ihr wollt» fast noch schwerer wiegen als die Wut. Als Streit und Empörung. Denn wer wütend ist, will etwas anders machen. Wer dagegen resigniert, der will nichts mehr.

Weil ich und mein Team die Menschen vor Ort tatsächlich noch wahr- und erst nehmen, gehören wir nicht so richtig zu «denen da oben». Trotzdem: Der Graben, den die Politik selbst mit ausgehoben hat, ist für mich an jedem einzelnen Tag und in beinahe jedem Gespräch präsent. Er klafft inzwischen sehr weit. Und er spaltet dieses Land. Die Schmerzen der Nichtbeachteten sind das innerste Ich der neuen Welle Ost. Was jetzt passiert, was sich Bahn bricht, ist eine Quittung für 30 Jahre Politik, die Bürgerinnen und Bürger bevormundet und auch entmündigt hat. Für ein Von-oben-Herab. Verkündet durch Medien. Wir wissen, was gut für euch ist. Und wir machen das für euch. Die dezentral gedachte Republik hat sich längst schleichend in kleine Königreiche aufgeteilt. Mit Hofstaat und jeder Menge

Volksdistanz, Autokratie und einem wachsenden Misstrauen all jenen gegenüber, die selbst Verantwortung übernehmen wollen und dies auch einfordern. Nun, da sich die Welle Bahn bricht und sich mehr und mehr offene Ablehnung zeigt, herrscht Alarmstufe Rot.

Doch wer denkt, diese Situation würde zu ernsthafter Veränderung führen, der irrt. Die Ratlosigkeit auf den Fluren der Parteizentralen generiert stattdessen eine Mischung aus beleidigter Ablehnung und jeder Menge Aktionismus. Berater diskutieren sich die Köpfe heiß. Doch dabei heraus kommen nur Aktionspolitik, Überschriften und Schlagzeilen.

So reist Ministerpräsident Kretschmer (CDU) scheinbar pausenlos übers Land, um mit den Bürgerinnen und Bürgern ins Gespräch zu kommen. Gern bringt er damit auch mal das gesamte Kabinett mit. Sehr wahrscheinlich hat diese Praxis die letzte Landtagswahl in Sachsen vor dem politischen Totalschaden bewahrt und dem Land eine AfD-Regierung im Alleingang erspart. Mittlerweile allerdings scheint es zum Marketingtool für die CDU geworden zu sein. Denn der Ministerpräsident verspricht inzwischen beinahe jedem alles. Der Apparat der Staatskanzlei hat später alle Hände voll zu tun, diese vielen «mitgenommenen Probleme» einer Lösung zuzuführen. Eine gut gemeinte Geste, die allerdings den gesamten Regierungsapparat, die Ministerien und alle Ebenen dazwischen mit all ihren Problemen umgeht. Was zu zwei Zuständen führt. Die einen bekommen vermittelt, nichts verändern zu müssen, und verweisen gerne im weiteren Verlauf darauf, dass Vorgang X oder Y nun Chefsache wären. Andere, die ernsthaft an Veränderung des Apparates aus sich heraus interessiert sind, werden eher düpiert. Beides führt zumeist dazu, dass die Ursachen der Probleme bestehen bleiben. Nur um nicht falsch verstanden zu werden: Ich halte diese Dialoge per se für eine richtige Sache. Aber doch nur dann, wenn dabei Probleme grundhaft gelöst werden. Hier jedoch bearbeitet man den Einzelfall und nimmt damit jene aus der Verantwortung, die das eigentlich zu tun hätten.

So oder so ähnlich sind alle Parteien unterwegs. Martin Dulig, Chef der SPD in Sachsen, tourt mit seinem ehemaligen Küchentisch übers Land und redet unermüdlich mit jenen, die den Weg in diesen beinahe intimen Kreis finden. Zudem geht er regelmäßig «richtig» arbeiten. Heißt: Er schlüpft in die Rolle normalsterblicher Arbeitnehmerinnen und Arbeitnehmer, um deren Welt besser verstehen zu lernen. Auch diese beiden «Formate», wie es im politischen Marketing inzwischen heißt, sind sicher nicht zum Nachteil für ein besseres Verstehen zwischen den Welten.

Schöner wäre es doch, Politik würde Politik machen. Mutig. Vorwärts. In engem Austausch mit allen Ebenen bis hinunter in die Kommunen. Grundsätzlich und nicht im Einzelfall. In dem Wissen, für wen sie unterwegs ist und wer ihr die Macht zum Handeln verliehen hat. Das gelingt inzwischen immer seltener – zumindest in der Wahrnehmung vieler Bürgerinnen und Bürger. Nein. Die Lücke zwischen Volk und Politik vermögen solche politischen Marketingtools nicht zu schließen. Zu beschädigt ist das Vertrauen. Zu lange waren die Verantwortlichen gefühlt eben nicht präsent.

Es liegen Welten zwischen Berufspolitik und dem Rest der Welt. So ist es auch nicht verwunderlich, dass die Einschätzung der Seelenlage der ostdeutschen Gesellschaft inzwischen nicht mehr alleinig das Parteienpersonal vornimmt. Längst wurde dieser für Parteien wahlentscheidende Prozess befragenden

Instituten übertragen. Regelmäßig werden durch sie panelweise Menschen adressiert. Gesucht wird eine Grundlage für mehrheitsfähige Entscheidungen. Der Dauerumfragetrend ist wichtiger Teil der politischen Arbeit geworden.

Dabei beginnt gute Politik meistens dort, wo Mehrheiten erst überzeugt werden müssten. Klimakrise? Flüchtlingskrise? Und jetzt Pandemie? Es mag also kaum überraschen, dass der sächsische Ministerpräsident scheinbar ganz ohne Not die bundesweite Lockerungsolympiade bei den Beschränkungen über lange Monate anführte. Angst vor der Straße nennt man dies wohl. Sie brachte Sachsen von einem der hinteren Plätze in der Meisterschaft um die höchsten Infektionswerte auf den alleinigen Spitzenplatz. Schließlich verkündeten die ostsächsischen Krankenhäuser den drohenden Kollaps. Kretschmer erklärte in der Folge tatsächlich Mitte Dezember 2020 (!) in einem Interview, dass er erst jetzt nach seinen Besuchen in den Krankenhäusern verstanden hätte, wie ernst die Lage wirklich sei. Respekt für diese ehrliche Antwort, denn es ist selten, dass sich Politiker öffentlich korrigieren. Fassungslosigkeit ist angesichts der inhaltlichen Aussage aber ebenso zulässig. Um Missverständnissen vorzubeugen: Ich schätze den sächsischen Ministerpräsidenten für seine offene Art. Leider aber ist auch er im machtpolitischen Orbit gefangen. Während es eigentlich offenes Teamplay bräuchte.

Auch meine SPD ist in Sachen Umfragepolitik gut unterwegs, gemeinsam mit Demographen und politischen Beratern wird stetig nach neuen Überschriften gesucht, unter denen sich mutmaßlich Mehrheiten versammeln ließen. So auch bei der Vorbereitung des Landtagswahlkampfes 2019. Im kleinen Kreis wurde Monate zuvor in Wochenendklausur gerufen, um zu diskutieren, was das Land bewegt. Anwesend eine Mischung aus Zivilgesellschaft, Kommunal- und Landespolitik. Alle Altersstufen. Männer wie Frauen. Ein Wochenende, an dem wir sehr viel über Bürgerbeteiligung, über reale Themen wie schlechte Finanzausstattung der Kommunen, zu komplizierte Verwaltungswege und zu wenig Basisverortung diskutiert hatten.

Am Ende dieser Veranstaltung materialisierte sich tatsächlich so etwas wie ein Plan. Natürlich blieben die ersten Umrisse skizzenhaft – trotzdem war der Impuls genug, um optimistisch nach Hause zu fahren. Gefühlt hatten wir eine echte Perspektive erarbeitet. Und viele, nicht nur ich, verbanden damit Hoffnung. Eine Hoffnung auf einen wirklichen Neuanfang.

Was folgte, waren lange, schweigsame Wochen. Niemand, der signalisierte, eines der angesprochenen Themen vertiefen zu wollen. Stattdessen dann eine Einladung zu einer großen Agentur nach Dresden. Und diese präsentierte die Kampagnenvorschläge für den kommenden Wahlkampf. Leider hatten die Schwerpunkte mit dem, was an jenem Hoffnungswochenende besprochen worden war, fast nichts mehr zu tun. Stattdessen wurden Umfragen bemüht. Die Suche nach der Headline, dem Narrativ, wie es inzwischen heißt.

Meine Enttäuschung war grenzenlos und hellte sich auch nicht auf, als ich nach einem enttäuschenden Wahlkampf beauftragt wurde, einen Entwurf zum Thema Bürgerbeteiligung zu erarbeiten. Als Thesenpapier und Programm. Wir präsentierten eine Agenda, die wirklich Inhalt hatte. «Demokratie leben, heißt Macht teilen», war die Überschrift eines konkreten Leitfadens, der tatsächlich echte Bürgereinbindung festschreiben wollte. Doch mitten im Wahlkampf wurde dieses Unterfangen als das entlarvt, was es zu diesem Zeitpunkt auch war: der Versuch, last minute noch ein punktendes Thema zu setzen. Und als sich wenig später die SPD mit einem Wahlergebnis von 7,7 Prozent erneut in die Koalition rettete, da war bereits am Wahlabend klar, dass es keine Aufarbeitung geben würde. Die «beste SPD aller Zeiten» hatte einen tollen Wahlkampf gemacht, hieß es. Leider hatten ihn nur die Wählerinnen und Wähler nicht verstanden.

Oder war es vielmehr umgekehrt und wir hatten unsere Wählerinnen und Wähler nicht verstanden? Denn diese machen sich tatsächlich mehr Gedanken, als wir Berufspolitiker ihnen gelegentlich zutrauen. Und sie sind auch nicht politikverdrossen an sich. Eher verdrossen mit dem, was wir als solche anbieten.

Dies ist die Situation, in der wir 2021 angekommen sind. Mehr als 30 Jahre nach dem Fall der Mauer sind die Gräben in der Gesellschaft noch immer präsent. Und tiefer denn je. Politik verkommt inzwischen zum weitgehend kontaktlosen Geschäft. Abgehoben, weil kompliziert, wenig flexibel und kaum noch verständlich. Und leider auch selbstbezogen. Die Hybris der Politik besteht darin anzunehmen, man könnte von allein alles verstehen und sich um alles kümmern.

So wächst ein Apparat, der durch überbordende Bürokratie und eine verkrustete Verwaltung bestimmt ist. Den Bürgerinnen und Bürgern bleiben Trauer, Wut, Schmerz und ein bisschen Sehnsucht. Nach einer Welt, in der sie gehört und beteiligt werden. An einer Politik, die sie verstehen können. Der Frust wächst dabei schneller, als der Erfolg ihn bremsen könnte.

Viele wenden sich ab. Junge Menschen flüchten in die Urbanität, die Individualität statt Miteinander einfach macht. Dies ist nicht die Stimmung, aus der man Zukunft und Aufbruch macht. Der Osten, der stark ländlich geprägt ist, verliert ganze Räume, die mal Heimat waren. Das Land wird langsam aufgegeben. Mit all den Folgen, die dies hat und noch haben wird. Der Raum für die Wölfe. Politische und echte. Er wird größer. Wenn wir nicht künftig alles anders machen.

2 VERTRETER DES VOLKES

Was in unserem Parteiensystem schiefläuft

Parteien vertreten das Volk. So weit die Theorie. In Wirklichkeit sieht es anders aus. Der parteipolitische Apparat kreist um sich selbst. Machtsicherung steht über Veränderung und Vorwärts. Die Bürgerinnen und Bürger wenden sich in Scharen ab und wechseln in den außerparlamentarischen Protest. Das große Parteiensterben hat begonnen. Wenn wir nicht alles anders machen, stirbt auch die Demokratie. Thesen für Auswege gäbe es: Amtszeitbegrenzung, Listenwahl abschaffen und die Bürger als Souverän wiederentdecken. Doch haben wir die Kraft, alles vom Kopf auf die Füße zu stellen?

Die Stimme des Volkes

Alle Staatsgewalt geht vom Volke aus. Dieser Ursatz des Grundgesetzes beschreibt die Kernthese der Demokratie. Er sollte die Richtschnur sein für all das, was im politischen Raum passiert. Er sollte die Basis für die Organisation unserer Politik sein, die darauf ausgerichtet ist, der Stimme des Volkes sinnvoll Gehör zu verschaffen und politische Lösungen auf Basis guter Diskurse und ausgleichender Kompromissfindungen möglich zu machen. Die Verfasser des Grundgesetztes haben die Frage diskutiert, wem man diese Aufgabe übertragen sollte. Die Wahl fiel auf die Parteien, die kraft der Verfassung «bei der politischen Willensbildung des Volkes» mitwirken sollen (Art. 21 Grundgesetz). Sie also sind es, die den demokratischen Prozess im Auftrag der Bürger professionell organisieren sollen. Im Rahmen einer Parteiendemokratie. So weit, so theoretisch. Denn genau die damit verbundene Professionalisierung ist es, die mehr und mehr das eigentliche Ziel gefährdet. Denn statt dafür zu sorgen, dass alleinig Bürgerinteressen im Vordergrund stehen. Stattdessen führen politische Gefechte, ewige Debatten und Lagerkämpfe oft dazu, dass Ziele und Überzeugungen nicht mehr oder nur noch selten wirklich in Taten münden. Somit erfüllen die Parteien in vielen Teilen der politischen Sphäre und damit auch der Lebensrealität der Menschen diese verfassungsrechtlich definierte Aufgabe nicht mehr. Die Folge ist Stillstand. Wir haben uns festgeredet. Irgendwo in der Mitte der Gesellschaft. Bewegung verheißen nur noch die politischen Ränder, die polarisierend nach Stimmen jagen. Und die dafür von der sogenannten Mitte bekämpft werden. Die Politik kreist um sich selbst. Die Bürgerinnen und Bürger spüren das.

Die Professionalisierung des Parteibetriebs

Die Urväter der Parteiendemokratie haben wohl nicht geahnt, dass der Parteibetrieb in dieser herausgehobenen Rolle immer mehr der Gefahr ausgesetzt ist, sich weitgehend mit sich selbst zu befassen. Politik als Beruf. Und damit nicht immer aus Berufung. Aber die Verknüpfung der persönlichen Existenz mit der Aufgabe als Interessenvertreter des Volkes ist ein zweischneidiges Schwert.

Auf der einen Seite sichert die Professionalisierung der Politik Existenzen während der Zeit der Tätigkeit im Mandat. Sie garantiert, dass sich Politikerinnen und Politiker tatsächlich auch in komplizierte Sachverhalte einarbeiten können. Denn finanziell sorgt der Staat dafür, dass sie diese Aufgaben ohne Zwang erledigen können. Zudem soll diese gute monetäre Entschädigung auch dafür sorgen, Unabhängigkeit gegenüber Lobbyisten und anderen Einflüssen wahren zu können. Doch auch das ist Theorie. Denn auf der anderen Seite birgt dieses System auch große praktische Gefahren. Denn Parteien funktionieren inzwischen wie Unternehmen. Präsenz und Erfolg im System an sich sorgen über die Parteienfinanzierung des Staates für ihre Grundfinanzierung, Spenden von Interessengruppen aber sind inzwischen ebenso wichtig.

Die Obergrenze der staatlichen Finanzierung wurde 2018 auf 190 Millionen Euro festgesetzt, wobei eine Dynamisierung derselben auf Basis des Verbraucherindexes und der Entwicklung der Gehälter der Angestellten definiert ist. Um dabei zu sein, muss eine Partei bei der letzten Bundestagswahl mindestens 0,5 Prozent oder bei der letzten Landtagswahl 1 Prozent der Stimmen errungen haben. Jede Partei erhält dabei maximal den Betrag, den sie durch ihr Wahlergebnis und Spendenaufkommen erwirtschaftet: Jede Zweitstimme bringt jährlich 83 Cent. Hinzu kommen 45 Cent für jeden Euro, den Parteien als Spenden oder Abgaben ihrer Mandatsträger einfahren (begrenzt auf 3300 Euro pro natürliche Person). Fünfzehn Prozent aller Parteieneinnahmen werden im Schnitt auf diesem Wege eingesammelt. Und der beschriebene Hebel macht noch mehr daraus. Bezahlt vom Steuerzahler.

Spenden sind also inzwischen ein erheblicher Wirtschaftsfaktor geworden. Sie ermöglichen Parteien, ihre Agenda stärker präsent zu machen und in der Folge wahrscheinlicher Wahlen zu gewinnen. Angesichts der erodierenden Parteienbasen und der sinkenden Einnahmen aus den Mitgliedsbeiträgen füllen sie immer größer werdende Lücken. Doch wer viel Geld von außen empfängt, verlässt damit den Pfad der Unabhängigkeit. Und manchmal bleiben sogar moralische Verpflichtungen auf der Strecke, auch wenn dies nicht immer offensichtlich ist. Oder tatsächlich nicht der Realität entspricht. Doch ob real oder gefühlt, ist egal. Unabhängigkeit ist ein filigranes Gut und kann schon durch Anschein von Beeinflussung in Gefahr geraten. Und damit liegt sie allein im Auge der Wählerinnen und Wähler, die mit ihren Stimmen über viel mehr entscheiden als nur über ihre Vertretung. Denn der Erfolgsdruck für Parteien ist enorm. Ein Misserfolg bei den Wahlen bedeutet automatisch weniger staatliche Finanzierungsmittel und damit auch eine höhere Abhängigkeit von externen Spenden – die dann wiederum die Glaubwürdigkeit für kommende Wahlen beschädigen kann. Ein Teufelskreis.

Doch auch die Unabhängigkeit des einzelnen Mandates ist nicht sicher. Unabhängige Geister setzen sich nur selten in diesen Apparaten durch. Gefördert wird meist der, der zur Linie passt.

Durch die hierarchischen Strukturen unserer Parteien gepaart mit einem Wahlsystem, dass die Wege zur Macht auch über Listenplätze ermöglicht, ergeben sich mehrere Probleme:

Zum einen ist für Wählerinnen und Wähler nicht mehr eindeutig steuerbar, wen sie da ins Parlament entsenden, denn sie können kaum übersehen, wer bei welchem Ergebnis über diesen Mechanismus mitgewählt wird. Andere wollen eine bestimmte Person wählen und wissen, dass damit auch ihnen unbekannte Politikerinnen und Politiker auf dem Ticket mit in die Parlamente ziehen, die ihnen entweder vollständig unbekannt sind oder die sie im schlimmsten Falle nicht wählen wollen. Dieses System sorgt zunehmend für Unmut. Wieso soll man denn viele mitwählen, wenn man eigentlich nur einen meint?

Zum anderen ist auch die Person, die sich selbst um ein Mandat bewirbt, diesem Mechanismus ausgeliefert. Listenplätze vergeben Parteien selten an jene, die nicht im internen Mainstream mitschwimmen. Bei der Vergabe spielen mehr und mehr strategische Eigeninteressen eine Rolle. So sind auch Parteitage, die Kandidatinnen und Kandidaten bestimmen, sehr gut und langfristig vorbereitet. Top down wirbt die Partei zumeist bei ihren Mitgliedern für Namen und Köpfe. Wenn auf diese Weise Meinungsbildung im Vorfeld organisiert wird, ist es äußerst selten, dass hier jemand seinen Weg macht, der kritisch zu seiner Partei steht. Oder gar von dem einen oder anderen Mandatsträger als potenzielle Konkurrenz gesehen wird. So bleibt Querköpfen beinahe nur der Weg, im Selbstlauf ein Direktmandat zu gewinnen. Ohne die Unterstützung der eigenen Partei. Oder der Bewerber weiß wichtige Interessengruppen oder einen großen Orts-, Kreis- oder Landesverband hinter sich, deren Unterstützung die Partei dringend braucht. Und hat man es dann geschafft, ist die Anstrengung noch lange nicht vorbei. Denn um diesen Platz auch für die Zukunft zu sichern, bedarf es eines gewissen Maßes an Anpassungsfähigkeit. Wer will schon nach vier Jahren auf einem der hintersten Listenplätze landen? Auf der politischen Resterampe sozusagen, die ins sichere Abseits führt?

Eine Partei wird so zu einem geschlossenen Kreis. Und nicht selten haben die internen Grabenkämpfe, die Rangeleien und Positionierungsquerelen mehr Gewicht als die Interessen derer, deren Stimmen man gewinnen und deren Interessen man eigentlich vertreten möchte. Die repräsentative Demokratie. Ein gut bedachtes System. Sie gerät an ihre Grenzen. Nicht, weil sie prinzipiell ein überholtes Relikt aus anderen Zeiten wäre. Nein. Sondern weil die Parteien es benutzen, um ihre Machtpositionen auch personell fortzusetzen und zu sichern. Ein fester Kader garantiert Kontinuität. Ein fester Kreis mit festen Überzeugungen garantiert ein «Weiter so». Und verhindert verlässlich Veränderungen jedweder Art. Doch Veränderung zu verhindern, bedeutet Rückschritt. Weil die einzige Konstante in unserem Leben die Veränderung ist. Und so kann die einzige Antwort darauf nur die Abschaffung der Verteilung von Macht auf diese Art und Weise sein. Lassen wir doch das Volk komplett entscheiden, wer es vertreten soll. Keine Liste, keine Vorauswahlen. Dafür direkte Kandidaten, die sich direkt den Wählerinnen und Wählern stellen. Ein Schritt zu mehr Akzeptanz wäre es auf jeden Fall.

Karrierewunsch: Politik

Ein weiteres Damoklesschwert hängt in Form der Professionalisierung an sich über allem. Die Perspektive auf eine gesicherte Altersvorsorge und ein sorgenfreies Auskommen zieht auch jene an, die in erster Linie eine eigene Karriere und erst dann das Wohl der Wählerinnen und Wähler im Auge haben. Der Weg in das Parteiensystem ist inzwischen zu einer lukrativen Berufsperspektive geworden. Auch für Berufsanfänger: Viele stellen sich inzwischen vor, den Weg «Kreißsaal, Hörsaal, Plenarsaal» zu nehmen. Befeuert wird das Ganze durch einen Trend, der in der Parteipolitik unter der Überschrift «Hauptsache jung» läuft. Man möchte zeigen, dass es sich um «unbelasteten» Kadernachwuchs handelt. Dynamisch und aufgrund der Jugend unbefleckt. Prinzipiell nicht verwerflich. Aus einer gewissen Perspektive ist dieser Impuls sogar sehr wichtig, sollten doch in den Parlamenten alle Generationen vertreten sein. Doch leider ist das Übermaß an Jugendwahn ein weiterer Beitrag zur Entkoppelung von Politik und richtigem Leben. Ja, junge Menschen gehören in Parlamente. Aber nicht, um dort die alten Strukturen zu stützen. Sondern um sie selbst zu sein und für die Interessen ihrer Generation einzustehen. Und: Jung allein genügt wahrlich nicht, um ein Volk zu repräsentieren.

Wer niemals «zivil» gearbeitet hat, weiß nicht, was das bedeutet. Und selbst wenn diese Person eine Vorstellung von Sorgen, Existenz- und Zukunftsängsten im Alltag hat, bleibt doch ein Glaubwürdigkeitsproblem bestehen, das lebenslang nachwirkt. «Wie soll der denn wissen, wie es uns geht?», eine Frage, die man inzwischen immer häufiger hört, wenn es um Sorgen der Bürgerinnen und Bürger geht. Und tatsächlich sei die Nachfrage erlaubt, warum die gute alte Lebenserfahrung ein bisschen aus der Mode gekommen zu sein scheint. Selbige ist ebenfalls ein prominentes Opfer dieser Entwicklung. Denn neben den jungen Karrieristen gibt es da auch noch die ehemaligen Enthusiasten, die im Räderwerk der Meinungsmaschinen zermahlen oder von der Partei intern auf Randpositionen aussortiert wurden. Weil sie vielleicht einmal zu viel zu offen kritisch waren. Meist bleiben diese Vollblutpolitiker trotz des Verlustes der eigenen Mission an Bord, arrangieren sich. Selbst wenn das sich dann meist im Mitstimmen nach Parteilinie ausdrückt. Man hat sich an bestimmte Annehmlichkeiten gewöhnt, die der Politikbetrieb mit sich bringt. Vielleicht können einige auch nach langer Zeit im Parlament den Rückweg nicht mehr so einfach finden.

Zuletzt sei die kleine Gruppe derer erwähnt, die schließlich freiwillig das Feld räumen. Weil sie mit der momentanen Parteipraxis nicht einverstanden sind, Veränderung aber nicht herbeiführen konnten. Auch solche kenne ich. Diese stillen Opfer sind vielleicht der größte Schaden. Gehen hier doch meist freie Geister dem System verloren, das gerade diese so sehr brauchen würde.

Die Politik als Profession steckt nicht zuletzt dadurch in einer tiefen Glaubwürdigkeitskrise. Der Parteisoldat ist keine Erfindung der Politikverdrossenen. Er ist real. Der Mix aus Entfremdung vom Rest der Welt und die Professionalisierung der Parteienwelt hat bewirkt, dass Politikerinnen und Politiker permanent unter dem Verdacht stehen, nur noch auf ihre eigenen Interessen bedacht zu sein. Selbst wenn dieser Verdacht keine Grundlage hat – das Vertrauen ist nachhaltig beschädigt. Diverse Nebenjobs unserer Parlamentarier tun dann ihr Übriges – auch wenn diese natürlich nicht per se dafür sorgen, dass sie ihrem politischen Mandat nicht nachkommen.

Mein Standpunkt zu diesem Thema ist klar: Wer vom Staat gut versorgt ist, sollte nebenbei nur arbeiten, wenn es sich dabei um die frühere Tätigkeit handelt, die ihr oder ihm erlauben würde, nach Ablauf des Mandats wieder ins Leben zurückzukehren.

Oder wenn die Tätigkeit sehr direkt der Sache des Mandates dient. Eine solche Regelung würde Unabhängigkeit stärken, anstatt Abhängigkeiten zu schaffen. Große Transparenz vorausgesetzt, wäre dies auch nicht schädlich. Im Gegenteil. Doch leider sind Nebentätigkeiten nicht in dieser Weise beschränkt. Und so runden sie das Bild von einem politischen Apparat ab, der nicht so recht alleinig für die Bürgerinnen und Bürger da zu sein scheint. Der perfekte Nährboden, um Unfrieden und Misstrauen in der Bevölkerung nicht nur zu säen, sondern auch wachsen zu lassen. Das Vertrauen schwindet. Denn der Apparat hat sich selbst zu einer Art Lieferdienst für Lösungen umgelabelt, der den Bürgern immer suggeriert, sie selbst müssten nichts weiter tun, als an ihn zu glauben. Bestimmen. Festlegen. Durchregieren. Statt Beteiligung und Miteinander. Doch der Apparat liefert nicht mehr. Und wenn, dann sind die Pakete klein. Oder die Botschaft ist so komplex und damit hinreichend unkonkret, dass der Empfänger sie nicht versteht. Oder aber, sie hat mit der Lebenswirklichkeit der Menschen nichts zu tun. Denn seien wir ehrlich, mindestens 70 Prozent der Weltbevölkerung ist es derzeit wirklich egal, ob es eine Frauenquote für Dax-Vorstände gibt. Sie interessieren sich wohl eher dafür, ob in den Schulen nicht der Putz von den Wänden fällt und dort auch wirklich Lehrerinnen und Lehrer sind, die ihren Kindern eine Zukunft ermöglichen. Oder dafür, ob sie selbst für gute Arbeit auch fair entlohnt werden.

Nein. Das soll nicht heißen, dass solche Themen keine Berechtigung haben. Allein die Priorisierung stimmt schon länger nicht mehr. Und zudem ist auch aus der Mode gekommen, seine Positionen glockenklar in allgemeinverständliche Hauptsätze zu packen und wirklich Positionen zu beziehen, die mit Namen und Gesicht einfach für etwas stehen. Statt immer nur zu sagen, wogegen man ist. Seitdem haben Rattenfänger jene Bühne, die sie brauchen, um aus jeder kleinen Unstimmigkeit, aus jeder unklaren Fußnote eine Schlagzeile zu machen, die die Republik zum Erbeben bringt. In diesen Zeiten, in denen Populismus und Pauschalisierung die meistgewählten Waffen im Kampf um die Meinungshoheit bilden, ist das ein tickender Sprengsatz an der Wurzel der Demokratie, am Vertrauen der Wählerinnen und Wähler in die Parteien.

Denn die Debatten werden in den Weiten der ebenso unkontrollier- wie manipulierbaren sozialen Netzwerke verlängert. Hier kann jeder noch so ahnungslose Zeitgenosse seine Falschaussagen und Missverständnisse als Meinung deklarieren. Und zugleich verbreiten bezahlte Bot-Armeen jeden Tag weitere sogenannte Wahrheiten, die jene Ahnungslosigkeit zielgerichtet verstärken und Menschen gegen das System aufwiegeln. Damit haben sie Erfolg, weil die so attackierte Politik schon längst nicht mehr vom Bürger ausgeht. Die klaffende Lücke zwischen echtem Leben und Politik. Sie wird hier zum Einfallstor für Feinde der Demokratie, des Rechtsstaates und dem, was wir ein friedliches Miteinander nennen.

Ein kaputtes Parteiensystem?
Mein politischer Selbstversuch

Ich selbst war eigentlich immer parteilos und wollte dies auch bleiben. Als ehemaliger Journalist hatte ich viel über Politik berichtet. Meine Skepsis gegenüber Parteien war daher immer groß und leider auch begründet. Nachdem ich zum Bürgermeister gewählt wurde, musste ich erkennen, dass man als Einzelkämpfer in einer Parteiendemokratie nur begrenzte Möglichkeiten hat, Probleme grundsätzlich zu lösen. Doch genau diesen Anspruch hatte ich von Anfang an. Vor einigen Jahren habe ich eine immer stärker werdende Diskussionskultur wahrgenommen, die das System, den Staat, das Land – eigentlich alles, was mit Politik zusammenhängt – als nicht reformierbar stigmatisierte. Resignation machte sich breit. Und eine gewisse Ratlosigkeit. Wie sollen denn einzelne Bürgerinnen und Bürger grundlegend etwas an den Missständen ändern? Für viele lautet die alleinige Antwort: durch Protest und «Widerstand». Resümee: Das System ist kaputt. Änderung nicht mehr möglich.

Ich kam ins Grübeln. Sollte es tatsächlich so sein, dass Probleme nicht mehr von der Basis aus zu lösen sind? Sollte es tatsächlich so sein, dass Parteien und damit das gesamte System nicht zu verändern sind? Vehement ging ich immer wieder in Gegenrede und merkte dabei schnell, dass dies keinen Erfolg haben konnte. Zu groß das Misstrauen. Also entschied ich mich, selbst den Weg in eine Partei einzuschlagen. Ich wollte also den Praxistest für unser Parteiensystem starten, wollte mir ein persönliches Bild davon machen, wie es funktioniert und ob Änderungsimpulse wirklich grundlegend zum Scheitern verurteilt sind.

Also verschaffte ich mir einen Überblick der Parteiprogramme im Freistaat Sachsen und lotete Schnittmengen mit den Inhalten aus, die mir als politischem Menschen wichtig waren. Am Ende fiel meine Wahl auf die SPD, auch weil sie hier in Sachsen eine der wenigen Parteien ist, die ihre reguläre Parteiarbeit auch für parteilose Bürgermeister stets geöffnet hält. Ich entschied mich auf einer Veranstaltung in Freiberg einigermaßen spontan, einen Aufnahmeantrag zu unterschreiben. Von diesem Tag an versuchte ich, mich intensiv in die Parteiarbeit einzubringen. Gerade bei den Themen, die mir am meisten liegen.

Zum einen die Digitalisierung. Und zum anderen die Stärkung der Bürgerinnen und Bürger in unseren demokratischen Mitbestimmungsprozessen. Um es vorwegzunehmen: Auf beiden Baustellen gibt es bis heute auf Landesebene keine wesentlichen Fortschritte zu vermelden. Und das, obwohl es gelang, beide Themen bei den Verhandlungen zum Koalitionsvertrag der aktuellen Landesregierung nicht nur einzubringen, sondern diese auch im Vertrag zu verankern. Ein Beispiel dafür, wie auf dem langen Weg durch die politischen Instanzen Prioritäten verschwimmen, um sich schließlich in ein Überschriften-Placebo zu verwandeln. Oder ganz in Luft aufzulösen.

Neben den fast täglichen Ernüchterungen in der Parteiarbeit, von denen ich in den folgenden Abschnitten berichten werde, bekam ich noch einen unmittelbaren Effekt meiner neuen Parteizugehörigkeit zu spüren: Viele Menschen in meinem Umfeld nahmen mir den Schritt, Teil der Parteienwelt zu werden, persönlich übel. Einige wechseln noch heute die Straßenseite, wenn sie mich sehen. Die Mitgliedschaft in einer Partei – und ganz besonders in der SPD – ist ein Mühlstein, den man mit sich herumträgt. Nicht selten schlägt mir blanke Wut entgegen, wenn ich mich als SPD-Mitglied zu erkennen gebe. Und nicht wenige sagen mir: Wir wählen dich. Obwohl du in der SPD bist. Auch das ist eine unbequeme Wahrheit und Zustandsbeschreibung 2021 in Sachsen.

Koalitionsvertrag oder «Wie man allen alles verspricht»

Im Vorfeld der Sondierungsgespräche mit den Grünen und der CDU zur Landtagswahl 2019 in Sachsen wurde ich von Martin Dulig gefragt, ob ich an seiner Seite mit in die Koalitionsverhandlungen gehen wolle. Ich vertrat also die SPD in einer von zehn Verhandlungsgruppen, die parallel die zahlreichen Themen für ein kommendes Regierungsprogramm ausloten sollten. Dieses Programm sollte die Vorhaben der künftigen Landesregierung also vertraglich festlegen. Die Gespräche starteten im Oktober. Täglich pendelte ich nach Dresden – Wochenenden und Feiertage eingeschlossen. Meine Pflichten als Bürgermeister und alles andere, was sonst noch so Leben bedeutet, lief quasi nebenbei. Meine Aufgaben: Erarbeitung und Einbringung einer Digitalisierungsstrategie für den Freistaat und Beratung des Verhandlungsführers.

Wie kann man sich nun den Ablauf solcher richtungsweisenden Sondierungsgespräche zwischen den künftigen Regierungsparteien der Landesregierung in spe vorstellen? Tageweise standen spezifische Themenkomplexe zur Diskussion: Infrastruktur, Ansiedlungspolitik, Strukturwandel Lausitz, Autobahnausbau und irgendwann eben auch die Digitalisierung. Jeder Tag begann mit einem kurzen Planungstreffen mit anschließenden Themenbeiträgen und endete mit einer Zusammenfassung der Diskussionsergebnisse, die anschließend im Kreis der Unterhändler oder in den Gremien der Partei zur Abstimmung gestellt wurden.

Nach diesem Muster liefen die Verhandlungen über Wochen. Dem mir so wichtigen Thema Digitalisierung wurden dabei ganze zwei Tage eingeräumt. Zwei Tage, um über eines der Kernthemen für Sachsen zu sprechen, das die Entwicklung der kommenden Jahre und Jahrzehnte entscheidend prägen wird. Zwei kurze Tage Diskussion über eine Schlüsselfrage, die zukunftsweisend dafür sein wird, ob die Region innerhalb Europas neue Akzente setzen kann oder hinterherläuft.

Ich brachte einen Plan in die Verhandlungen ein, den ich in Kooperation mit der Kreativwirtschaft des Landes Sachsen entwickelt hatte. Ein detaillierter Plan, wie Sachsen bei diesem schwierigen Thema endlich Fahrt aufnehmen könnte. Mir war es wichtig, die Kreativwirtschaft mit ins Boot zu holen, denn ihre Vertreterinnen und Vertreter sind in den neuen Formen der digitalen Arbeit angekommen: Start-up-Gründerinnen und -Gründer, Freelancer, freie Programmierer gehören hier ebenso dazu wie Gestaltende und Kunstschaffende. Diese Szene operiert am Puls der Zukunft, während der Rest der Gesellschaft und auch größte Teile der ostdeutschen Wirtschaft noch immer darüber nachdenken, ob das mit den Bits und Bytes überhaupt eine gute Idee ist. So ziemlich alle Detailfragen des Programms hatte ich deshalb eng mit diesen Kreativen abgestimmt und eine wirklich zukunftsfähige Agenda entwickelt, um die digitale Selbstertüchtigung des Menschen zu ermöglichen – denn dies ist neben längst überfälligen Unternehmungen zum Breitbandausbau in Sachsen die entscheidende Frage. Ohne Kompetenz ist Digitalisierung eher Feind denn Freund. Kompetenzen zu vermitteln, den Leuten sagen zu können, warum man sich dem Thema nicht verschließen darf und was es Gutes bringen kann. Und vor allem, was man mit dem tollen Breitbandnetz anderes anfangen kann, als schneller und besser fernzusehen. Wir brauchen diese Kompetenz, um künftig Schritt halten zu können. Denn wer hier nicht mitmacht, wird abgehängt. In Lichtgeschwindigkeit. Die Entwicklung eines Programms mit Beteiligung von Menschen, die sich in diesem Bereich am besten auskennen – von deren Know-how wir dementsprechend unglaublich profitieren können –, ist in einem solch wichtigen Themenfeld aus meiner Sicht der alternativlose Weg. (Genau wie auch die Beteiligung von Bürgerinnen und Bürgern im lokalen Politikbetrieb – doch dazu später mehr.)

Die erste Überraschung: Unser Konzept, rund eine Milliarde Euro schwer und vielschichtig bis auf die kommunale Ebene gedacht, erhielt in der internen Vorabstimmung kaum Feedback. Kaum Diskussion, ob das Programm so sinnvoll war. Nicht einmal eine Sparringsdebatte, um einzelne Punkte auf den Prüfstand zu stellen. Stattdessen bei vielen ungläubiges Kopfschütteln. Blindes Vertrauen oder Missachtung des Themas? Ich weiß es nicht. Bei heutigem Ausgang tendiere ich eher zu Letzterem. Die zweite, noch viel größere Überraschung: Die CDU, stärkste Kraft im Freistaat Sachsen und per se der Meinung, die Stimme von Wirtschaft und Moderne zu sein – diese Partei, die seit der Wende ununterbrochen in Regierungsverantwortung stand, hatte beinahe nichts vorzuweisen. Keine Strategie, keinen Plan, gar nichts. Mit Ausnahme der üblichen Floskeln. «Wir wollen ...», «Wir werden ...». Die Grünen hatten ihre Kernthesen zu Open Data, Open-Source-Nutzung und anderen wichtigen Punkten formuliert. Als ich das Programm am Morgen schließlich im Detail vorstellte, sorgte die Ankündigung des Gesamtvolumens von einer Milliarde Euro bei den Christdemokraten zunächst für Heiterkeit. Als die Agenda schließlich durchexerziert war, mussten die Kolleginnen und Kollegen sich eine Auszeit nehmen, um das Konzept selbst noch einmal lesen zu können. Und um mit den Parteibrüdern und -schwestern abzustimmen, wie man sich zu verhalten hatte. Schlussendlich fand das Konzept beinahe unverändert Einzug ins Papier. Offensichtlich in Ermangelung einer Alternative. Und zunächst blieb auch die Finanzierungssumme unstrittig. Dieser Punkt ist enorm wichtig, denn so viel habe ich inzwischen gelernt: Ein Vorhaben ohne Finanzierungsplan ist ein Lippenbekenntnis. Am Ende des Tages schien es also, als würde dem Thema die Priorität eingeräumt werden, die es verdiente. Schulterklopfen inklusive. Ich war begeistert. Mein politischer Selbstversuch schien nun nach der lokalen auch auf der Landesebene Früchte zu tragen.

Die Ernüchterung der Realität: ein politisches Drama in drei Akten

Während ich nun diese Zeilen schreibe, über ein Jahr später, ist das Thema Digitalisierung endgültig von der Tagesordnung der Landesregierung verschwunden. Meine Begeisterung ist Ernüchterung gewichen. Es war ein Tod auf Raten für dieses Digitalisierungskonzept – das damit stellvertretend für viele Initiativen im Dschungel der Parteienpolitik steht. Es wurde vorbeigemogelt an jeglicher Legitimation durch die Basis. Und das bei allen Parteien.

Der erste Akt dieses Dramas wurde auf den letzten Metern der Koalitionsverhandlungen geschrieben. Hier, wo der kleine Kreis der Parteispitzen die Endredaktion des ausgehandelten Koalitionsvertrags vornehmen sollte, bei der auch die Schlichtung der letzten Streitfragen vorgesehen war. Hier stellte man fest, dass der Vertrag mit elf Milliarden Euro Finanzierungsvolumen überzeichnet war. Eine Summe, die der künftigen Regierung schlicht nicht zur Verfügung stand. Nun sollte man meinen, dass der naheliegende Schritt aus dieser Bedrängnis in einer Priorisierung der Kernthemen bestehen müsste. Stattdessen verschwanden die Zahlen aus dem Vertrag. Keine Zahlen. Keine Unterdeckung. Aber eben auch keine realistische Möglichkeit der Umsetzung. In der restlichen Zeit wurde hinter verschlossenen Türen das ausgehandelt, was den Parteispitzen scheinbar wichtiger war als

Inhalte: Personalfragen. Beispielsweise wer erster und wer zweiter Stellvertreter des Ministerpräsidenten werden solle. Oder was für die künftige Machtverteilung in der neuen Regierung eben noch wesentlich war. Da wurde mal eben noch versucht, dem SPD-Partner das Wirtschaftsressort streitig zu machen. Und es wurde – knappe Kassen hin oder her – ein nigelnagelneues Ministerium erfunden. Das Regionalentwicklungsministerium. Denn: Der bisherige Landwirtschafts- und Umweltminister der CDU hatte sein Ministerium an die Grünen verloren. Die Kontrolle über Ministerien aber bedeutet Macht, die man nicht hergeben wollte. Dass der ehemalige CDU-Minister so seine Position erhalten konnte, war auch für die parteiinterne Machtsicherung des Ministerpräsidenten innerhalb einer zwischen konservativ und rechts außen schwankenden Partei von Vorteil.

Dieses parteipolitische Gezerre hatte für mich vor allem aus zwei Gründen einen bitteren Beigeschmack: Zum einen war das von Teilen der SPD (und auch von mir) im Vorfeld angedachte Digitalministerium mit dem Hinweis verworfen worden, man könne sich ein zusätzliches Ministerium nicht leisten. Zum anderen war die Gründung einer Regionalentwicklungsbehörde ein klares Signal an die Kommunen: kein Zuwachs an Eigenständigkeit und Entwicklungsfreiheit, sondern eine Steuerung von oben. Und ein deutlicher Zuwachs von zu beantragendem Geld. Verpackt in Förderprogramme und ähnlichen Maßnahmen, um die man sich bewerben darf.

Der zweite Akt wurde bei der Einholung der Zustimmung durch die Parteitage der beteiligten Koalitionspartner vollzogen. Da die Digitalisierung im Text weiterhin unverändert verblieb, war für die Stimmberechtigten an dieser Stelle nicht erkennbar, was sich dahinter in Wirklichkeit noch verbarg. Nämlich eine weitgehend lahme Ente namens Digitalagentur ohne nennenswertes Budget und Gestaltungsperspektiven. Für die Parteibasis, die nicht in die dahinterliegenden Prozesse eingeweiht ist, klingt das aber nach Zukunft. Nach erkannter Priorität und nach Vorwärts. Für die Abstimmung über den Vertrag wurden ganz andere Prioritäten gesetzt: Erstens hatte man die Chance, an einer künftigen Landesregierung weiterhin beteiligt zu sein, und zweitens hieß dies auch, eine Beteiligung der AfD (bei den Wahlen zuvor mit Abstand zweitstärkste Kraft geworden) zu verhindern. Die Dreierhochzeit Schwarz-Grün-Rot war damit von Anfang an die einzig denkbare arithmetische Antwort. Nun war sie zum Greifen nah. Wer also wollte dies verhindern?

Der dritte und letzte Akt vollzog sich im Dezember 2020. Pandemiebedingt per Videokonferenz. Eingeladen hatte das SPD-geführte Wirtschaftsministerium, in dessen Verantwortungsbereich das Thema logisch zu verorten wäre. Ein Ministerium, das zu diesem Zeitpunkt die Hoheit über das wichtige Thema der Digitalisierung längst verloren hatte – wegen des holprigen Breitbandausbaus hatte man das Thema in weiten Teilen an die CDU-gesteuerte Staatskanzlei abgeben müssen.

Die Konferenz hatte den alleinigen Sinn, über die Beauftragung der im Koalitionsvertrag namentlich festgeschriebenen Digitalagentur zu informieren und weitere Schritte in den Fokus zu nehmen. Doch weder wurde die Frage beantwortet, was diese Agentur denn nun tatsächlich leisten sollte, noch wurde klar, was eigentlich das übergreifende Ziel der Sache wäre. Es ging erneut eher um Personal- und Budgetfragen: 15 Leute sollten dort arbeiten, finanziert durch ein Jahresbudget von 2,5 Millionen Euro. Diskutiert wurde über Rechtsformen und Personalbeschaffung – aber nicht über Ziele und Inhalte.

Das ist also der Stand dieser im Koalitionsvertrag festgeschriebenen Digitalisierungsinitiative des Freistaats Sachsen: gestartet als priorisiertes Milliardenvorhaben mit Schlüsselbedeutung. Mit konkreten Maßnahmen wie der Schaffung von betreuten Co-Working-Häusern im gesamten Land, in denen Menschen kostenlos lernen sollten, was Digitalisierung eigentlich ist. Mit gedachten Räumen des Vertrauens und der Beratung, in welchen Menschen die Angstbarriere vor dieser neuen Welt hätten überwinden können. In denen sie eigenständig hätten lernen können, wie das Netz funktioniert und woran man Fake News und anderes erkennt. Aber nein. Am Ende fungiert eine Agentur als verlängerte Werkbank des Ministeriums. 2,5 Millionen Euro im Jahr werden vermutlich wenig bewegen. Der Punkt im Vertrag aber ist erfüllt. Die Agentur wird ihre Arbeit aufnehmen – ob diese sinnhaft wird, bleibt abzuwarten.

Wer hinterfragt, warum dies nun alles auf das absolute Minimum zusammengeschmolzen wurde, der bekommt – wie bei vielen anderen Themen – den belehrenden Verweis auf die Pandemie um die Ohren gehauen. Jetzt ginge dies alles nicht mehr anders. Schließlich müsse man nun große finanzielle Lücken schließen. Das hätte alles verändert. Sechs Milliarden Euro Schulden musste der Freistaat aufnehmen. Das fordert eben seinen Tribut. Dass der Plan lange zuvor bereits dem Kräftemessen der Parteien und einem kollektiven Versagen bei der Erkennung von Prioritäten geopfert wurde, diskutiert keiner. Und auch nicht, dass wir uns hier an den kommenden Generationen versündigen, weil diese ihrer Zukunftsgrundlagen beraubt werden.

Planlos, aber mehrheitsfähig

Die Digitalisierung ist nur eines von vielen Beispielen für den Blindflug des Systems. Kernthemen wie Bildung, soziale Projekte, aber auch die Modernisierung des Staates an sich verlieren sich im Dschungel des politischen Alltags und der Parteipolitik. Und – wen mag es wundern – auch der Stärkung der Bürgerbeteiligung ergeht es nicht anders. Diese Themen, die nicht nur mir wichtig sind, sondern auch vielen Bürgerinnen und Bürgern, tauchen zwar meist irgendwo in Papieren auf. Sie werden auch zur Diskussion gestellt. Dennoch wird man in der momentanen Lage an kaum einer Stelle grundlegend zu konkreten Umsetzungen dieser Ideen, also zu Veränderung gelangen können. Zugespitzt: Der Plan ist inzwischen, dass es keinen Plan mehr gibt. Die Beruhigung aller am politischen Prozess beteiligten Personen scheint das einzige Ziel zu sein. Und da ist er wieder: «Bleiben Sie ruhig, wir holen Hilfe», ein Satz, der uns seit Jahrzehnten vor Veränderung bewahrt. Und damit jeden Fortschritt ausbremst. Alles wie immer.

Im «Start-2020»-Programm der Landesregierung, das mit viel Öffentlichkeit in Oberwiesenthal in einer Kabinettsklausur quasi auf dem Dach Sachsens beschlossen wurde, trat dies besonders deutlich zum Vorschein. Hier war die Liste der finanziell bedachten Einzelvorhaben sehr, sehr lang. Allerdings fanden sich wenige Positionen, die mit den Summen bedacht waren, die sie zu einer tatsächlichen Umsetzung benötigt hätten. Stattdessen war das eigentliche Ansinnen des Papiers erkennbar: möglichst vielen Interessengruppen etwas zukommen lassen. Es ist dieses Versagen des Systems, Prioritäten nicht zu setzen, das sich immer wieder dem wirklichen Fortschritt und der grundsätzlichen Problemlösung entgegenstellt. Damit einher geht der kaum vorhandene Mut zur klaren Ansage. Die Ursache hierfür besteht in einer Mischung aus nicht wollen und nicht können, die Parteien inzwischen in sich vereinen. Nicht wollen, weil man die eigene, die führende und bestimmende Rolle im Prozess bewahren möchte. Diese Rolle wird am besten präsentiert, wenn man zeigt, dass man sich «kümmert» – und zwar um möglichst alle, die einem die Macht erhalten. Und nicht können, weil man den Mut haben müsste, großen Teilen der Gesellschaft zu erklären, warum man bestimmte Kernthemen – beispielsweise die Digitalisierung – priorisiert fördern muss. Ein sehr plastisches Beispiel hierfür stellt der Ausbau des öffentlichen Nahverkehrs dar, der gerade im ländlichen Raum Priorität haben sollte – selbst, wenn dann im Zweifel einige andere Infrastrukturprojekte, wie etwa eine Ausbesserung oder gar der Neubau von Straßen in einer bestimmten Region, auf der Strecke bleiben. Das Problem: Jede Region gehört zu irgendeinem Wahlkreis. Und schlechte Straßen machen schlechte Laune, die die Wählerinnen und Wähler dieses Wahlkreises womöglich zur sogenannten «Alternative» treiben könnten. Durch die Priorisierung großer, übergreifender Projekte liefe man also Gefahr, seinen Führungsanspruch zu verlieren. Was dabei auf der Strecke bleibt, ist die Ermöglichung von tatsächlichen Veränderungen, von Disruption und wirklichem Umsteuern. Längst müssten wir daran arbeiten, das flächendeckende Kümmern – die weitreichende Entmündigung der Bürger – durch Einbeziehung und Selbstverwaltung zu ersetzen. Wann, wenn nicht endlich jetzt? Nach einem solchen Wahldebakel für alle etablierten demokratischen Parteien in Sachsen und anderswo.

Die Basis braucht Entscheidungsmacht!

Durch die ständige Sorge um die eigene Macht und das Kümmern um alle, die diese ermöglichen, ergibt sich ein Teufelskreis des Stillstands. Diesen könnte man aufbrechen, wäre man mutig und ehrlich. Denn inzwischen hat sich das Blatt gewendet. Die Mehrzahl der Bürgerinnen und Bürger vermisst klare Ansagen, angeregte Debatten und deutliche Prioritäten. Und das Vertrauen, das man ihnen vorenthält. Statt mehr freie Selbstbestimmung der Kommunen – und damit mehr Mitwirkungschancen für die Bürgerinnen und Bürger – zu ermöglichen, erfindet man ein neues Vormundschaftsministerium. Wieder eine Antragsbehörde mehr. Unterdessen spüren viele Menschen die rasante Veränderung unserer Lebenswelt, unserer Gesellschaft. Sie sehen, wie sich Arbeit verändert. Sie lernen, was neue Technologien leisten können. Wie eine neue Balance zwischen Arbeit und Leben entsteht. Aber sie sehen nicht, dass dies, von der Politik geordnet, auch für sie stattfinden kann. Sie sehen auch nicht, dass sie daran mitwirken können, dass es Möglichkeiten gibt, sich auf kommunaler Ebene einzubringen, im eigenen Wirkungskreis Modernität, Nachhaltigkeit und eben Zukunft mitzugestalten. Ohne irgendeinen Antrag in dreifacher Ausfertigung und mit unklarer Erfolgsaussicht stellen zu müssen. Sie sehen, wie Lernsysteme zusammenbrechen. Sie sehen, dass nach wie vor, Jahr für Jahr Lehrpersonal fehlt und sich daran nichts ändert. Sie sehen schlecht ausgestattete Schulen, die sich nicht wandeln, weil deren Träger, die Kommunen, in der Mehrheit die Mittel für Veränderung nicht aufbringen können. Und Busse, die entgegen jahrzehntelanger Zusicherungstiraden noch immer nicht fahren, wenn Schulferien sind. Weil dann die Schülertickets fehlen, mit denen man den öffentlichen Nahverkehr inzwischen quersubventioniert. Das alles sehen Menschen. Und redet man mit ihnen, was wir bei uns in der Stadt ja sehr viel tun, dann kann man hören, dass sie verstehen, wie dringend sich etwas ändern muss. Und dass sie einsehen, dass nicht alles gleichzeitig umgesetzt werden kann. Sie sehen auch, dass sie mitgestalten müssen, damit es gut werden kann. So machen wir in Augustusburg Lokalpolitik. Sagen, was ist. Über das Abstimmen, was wichtig ist. Machen, was geht. Nicht mehr versprechen, sondern transparent erklären. Und darauf bauen, dass Menschen verstehen und sich engagieren.

Doch wenn ich versuche, diese Botschaft auf die Ebene meiner Partei zu tragen, dann werde ich in der Diskussion stetig von denen belehrt, die sich theoretisch mit dem befassen, was Menschen meinen könnten. In solchen Runden gewinnt die Theorie schnell die Lufthoheit. Die Basis, die Kommune, wird gern als Ausnahme gesehen. Ja, bei euch ist das so. Aber in den Städten oder dort oder da. Da ist das anders. Der Vertreter der Kommune. Ein Besucher vom Mond. Oder besser auf dem Mond. Je nach Sichtweise.

Wir, die Parteien, müssen damit beginnen, die Basis neu zu entdecken. Und auch wenn die SPD-Parteispitze in Sachsen die Ortsgruppen der Partei vor nicht allzu langer Zeit als quasi überflüssig definierte. Das Gegenteil ist richtig. Nur mit dem Kontakt auf der persönlichen Ebene kann man wieder eine Verbindung herstellen zwischen politischem Orbit und richtigem Leben. Nur so kann man die Bürgerinnen und Bürger dort erreichen, wo sie sind: zu Hause. In ihrer Heimat. Parteipolitik muss demnach wieder starke und direkte Wurzeln in der kommunalen Arbeit haben. Diese Erkenntnis ist nicht neu, aber maximal unbequem. Denn: Wir müssen diese Basis nicht nur wiederaufbauen. Wir müssen sie im Prozess der politischen Willensbildung wieder maßgeblich werden lassen. Kurz gesagt: Die Basis braucht Entscheidungsmacht.

Nun werden viele aufschreien: Das machen wir doch! Bringen wir nicht die Entscheidungsanträge für unsere Programme und Vorhaben über die Ortsvereine ein? Ja, mag sein. Aber sind diese Programme wirklich Ausdruck des politischen Willens der Bürgerinnen und Bürger? Und wird nicht doch inzwischen sehr gezielt von oben Einfluss darauf genommen, was diesen basisdemokratischen Prozess erfolgreich passiert? Seien wir ehrlich und antworten wir auf die zweite Frage deutlich mit «Ja». Und nehmen wir dieses «Ja» als Anfang. Denn sollten es die Parteien in einer sich stetig kommunikativ öffnenden Gesellschaft nicht schaffen, ihre Entscheidungskraft wieder aus der kleinsten demokratischen Zelle zu ziehen, dann überlassen wir sie den irrlichternden Netzwerken, Fake Bots und Trollarmeen. Kurzum: Wenn Parteien den Kontakt zu den Bürgerinnen und Bürgern weiterhin verlieren, werden sie in der Bedeutungslosigkeit verschwinden. Und dabei die Demokratie, wie wir sie kennen, wahrscheinlich mit in den Abgrund reißen.

Solche Veränderungen herbeizuführen, wird nicht einfach werden. Denn die Apparate sind eingefahren und starr. Neue Impulse müssen her. Warum begrenzen wir zum Beispiel nicht endlich noch konsequenter Amtszeiten. Und zwar auf allen Positionen, die Parteien in ihren Hierarchien vorzuweisen haben. Und auf allen Positionen, die den Staat als solches ausmachen. Ob im Ortsverein, als Bürgermeister, im Landesvorstand, in Parteifunktionen oder auch im Landtag oder Bundestag: Zwei Wahlperioden sollten ausreichen, um Ideen und Ziele einzelner politischer Personen einzubringen und zu vertreten. Und auch danach wäre man ja in einem Modell, das seine Bürgerinnen und Bürger wieder als Souverän entdeckt, nicht raus. Im Gegenteil.

Eine weitere Idee wäre die zwingende Einführung von Mitgliederinitiativen, die mehrheitsbasierend Einzug in die Parteiarbeit und Gesetzgebung finden müssen. Vorausgesetzt, es werden dafür auch Mehrheiten in der Bevölkerung gefunden. Konkret würde das bedeuten: Eine Initiative muss sowohl in der Partei eine Mehrheit finden, also auch bestimmte, fest definierte Beteiligungszahlen der Bürger erreichen, damit sie zugelassen wird. Wobei diese nicht in absurd hohen Sphären zu suchen sind, wie beispielsweise beim Volksentscheid in Sachsen. Diese Hürden dienen eher der Verhinderung denn der Ermöglichung der Bürgerbeteiligung.

Die wohl wichtigste Frage, die sich Parteien in Zukunft stellen müssen, wenn sie denn relevant bleiben wollen, ist jene nach dem stetigen Abgleich mit den Bürgerinnen und Bürgern. Vor allem für jene Ziele, die aus der Partei heraus verfolgt werden. Oder für Positionierungen zu Vorschlägen und Initiativen anderer im Landtag vertretener Parteien und Gruppierungen. Oder eben auch, um zu erfahren, was die Bürgerinnen und Bürger wirklich bewegt. Der Rat der Bürger ist ein hohes Gut. Ihn einzuholen, ist beschwerlich. Doch auch dies könnte man organisieren. Seit Jahren gibt es verschiedene Initiativen, die Modelle dafür erdenken, entwickeln und ausprobieren. Ich persönlich wirke an einem solchen Modell mit. Die Losland-Initiative, ein Zusammenschluss von Menschen aus verschiedenen Bereichen der Gesellschaft, arbeitet an einer praxistauglichen Form der Bürgerräte. Hier gedacht für die Verbesserung und Öffnung kommunaler Politik für die Bürgerinnen und Bürger.

Ich sehe dieses Instrument besonders für Parteien als hilfreiches Regulativ an. Warum? Weil es von unschätzbarem Vorteil ist, seine politischen Ideen mit einem Rat aus Bürgerinnen und Bürgern abzugleichen, die zufällig aus dem betreffenden Zuständigkeitsbereich des Gremiums ausgelost wurden. Dadurch ergibt sich die Chance, den Ausgangspunkt der Politik wieder näher an den Bürger, den Souverän, zu verlagern. Eine Art Publikumsjoker, wenn man so will. Und wie wir aus verschiedenen Quizshows wissen, irrt dieser selten. Auf jeden Fall seltener als der Kandidat – also der Entscheider. Ich könnte mir einen solchen Bürgerrat beispielsweise für jede Fraktion im Landtag vorstellen. Hier, wo entscheidende Weichen gestellt werden. Bei denen oft Wirtschaftsverbände oder Sozialverbände, aber selten bis nie Bürger gehört wurden. Hier wäre der Raum, an dem Politik zeigen könnte, wie offen streitfähig sie ist. Und damit meine ich den Streit im positiven Sinne. Denn wer die Bürgerinnen und Bürger fragt, der wird nicht nur Zustimmung erfahren.

Denkanstöße zur Rettung unserer Parteiendemokratie

Wenn wir unsere Parteiendemokratie retten wollen, müssen wir die Dinge in Zukunft anders angehen. Konkret bedeutet dies:

- Politik als Berufung, nicht als Beruf: Die Vertretung des Volkes sollte nicht an sich eine Karriereperspektive sein – unsere Vertreterinnen und Vertreter sind viel glaubhafter, wenn sie selbst in der wirklichen Welt gearbeitet und Erfahrungen dort gesammelt haben. Nebentätigkeiten während der Amtszeit müssen auf ein Minimum eingeschränkt werden, das obendrein transparent und öffentlich erklärt werden muss. So schaffen wir wieder Vertrauen in die Unabhängigkeit unserer Volksvertretung.

- Macht begrenzen: Wir müssen dafür sorgen, dass die ewige Parteikarriere die Ausnahme und nicht die Regel ist. Eine Begrenzung der Amtszeiten und mögliche Wiederwahlen auf zwei Amtsperioden wäre hier eine sinnvolle Vorgabe, denn sie würde dafür sorgen, dass personelle Erneuerung und damit auch Bewegung festgeschrieben ist. Kandidaten sollen künftig direkt durch den Bürger und nicht durch Parteienlisten bestimmt werden.

- Klare Ziele. Klare Prioritäten: Wir müssen die Kraft entwickeln, Prioritäten zu setzen. Und auch zu Themen klar zu stehen, die schwierig sind und deren Umsetzung vielen vieles abverlangt. Stärkere Priorisierung von Kernthemen muss Gebot sein, statt allen Interessengruppen alles zu versprechen. Wir brauchen eine klare Agenda 2050 für die Zukunft unseres Landes. Und diese muss mit den Bürgerinnen und Bürgern zusammen entstehen.

- Macht und Vertrauen zurückgeben: Wir müssen uns wieder darauf besinnen, Entscheidungen dort zu treffen, wo sie am besten getroffen werden können. Statt von oben herab müssen wir auf Augenhöhe operieren und die Kommunen als kleinste Einheit der Demokratie in ihrer Selbstbestimmung stärken. Dazu gehört zwingend, Förderung durch verlässliche, freie und konstante Finanzierung zu ersetzen. Vertrauen ist der Schlüssel dafür. Parteien sollten zudem mehrheitsbasierende Mitgliederinitiativen einführen, die durch Bürgerbeteiligungselemente ergänzt werden.

- Bürgerbeteiligung stärken: Wir müssen den Kontakt zu den Bürgerinnen und Bürgern wiederherstellen und ihnen mehr Mitgestaltungsrecht geben – zum Beispiel durch die Einführung von Bürgerräten –, sowohl auf kommunaler als auch auf regionaler Ebene. Wir brauchen eine ehrliche Öffnung der Entscheidungswege

- Zurück zum Streiten: Wir müssen in unserem Land wieder eine Streitkultur der Sache etablieren. Nicht Ausgrenzung und *gegen* etwas sein darf die Agenda bestimmen. Es muss wieder mehr um die Sache und das *Für-etwas* gehen. Die Grundlagen dafür müssen in der Stärkung der politischen Bildung gelegt werden. Nicht jene, die indoktriniert, sondern eine Bildung, die junge Menschen zu Demokraten entwickelt. Demokratie muss man lernen. Sie fällt nicht vom Himmel.

Dies alles wären Wege, die Parteien beschreiten bzw. für die Parteien sorgen könnten. Wenn sie es wollten. Denn: Ohne einen grundsätzlichen Kurswechsel ist die Zeit der Parteien und damit unserer repräsentativen Demokratie endlich. Das scheint in den Führungsetagen allerdings noch nicht angekommen zu sein. Denn derzeit ist von Veränderung wenig zu spüren. Besonders die beiden vermeintlichen Volksparteien sehen sich noch immer aus sich heraus als führende Kräfte. Dabei haben CDU und SPD auf Bundesebene gleichermaßen seit 1990 weit über die Hälfte ihrer Mitglieder verloren. Und die meisten davon wurden in die Parteilosigkeit entlassen. Die einzigen Parteien, die Mitglieder in derselben Zeit gewinnen konnten (die Grünen und die AfD), konnten zusammengenommen nur rund 85 000 Menschen von Parteiarbeit überzeugen. Während die beiden Großen zusammen knapp 900 000 Mitglieder verloren haben. Keine Frage: Das große Sterben hat bereits begonnen. Und setzt sich dieser Trend weiter fort, dann muss man sich irgendwann die Frage stellen, ob Parteien tatsächlich noch als repräsentativ gelten können. Und das ist die entscheidende Frage, die wieder besonders den Osten des Landes tangiert, denn: Nach Angaben der Bundeszentrale für politische Bildung, die die Entwicklungen der Parteien jährlich untersucht, sind die Mitgliederzahlen der im Bundestag repräsentierten Parteien sehr ungleich verteilt. Ungleicher auch, als es die Einwohnerzahlen Ost und West rechtfertigen würden. Im Westen der Republik haben alle Parteien außer der Linkspartei und der AfD weit mehr Parteimitglieder als im Osten. Insgesamt kommen die Parteien Ende 2019 dort (inklusive Berlin) auf rund 1,1 Millionen Mitglieder. Im Osten sind das nur knapp über 100 000. Ein deutliches Zeichen, dass die Parteienskepsis hier höher ist als in den alten Ländern. Und was noch viel verheerender wirkt: In der Rekrutierung neuer Mitglieder hinkt der Osten ebenfalls massiv hinterher. Bei der SPD und den Grünen bilden die fünf ostdeutschen Bundesländer die Schlusslichter. Auch die Rekrutierungsfähigkeit der CDU ist im Ostteil des Landes – mit Ausnahme von Thüringen – am geringsten. Einzig die AfD kann hier punkten. Nachdem die AfD in Sachsen-Anhalt sehr stark zugelegt hat, liegen die vier Länder mit den nächsthöheren Rekrutierungsgraden im Osten. Im Westen hingegen schwächelt die Protestpartei.

Der Osten wendet sich ab. Und der Trend entwickelt sich weitaus schneller als anderswo. Ein deutliches Alarmsignal an die Parteien – auch auf Bundesebene –, endlich wahrzunehmen, dass es mit platter und pauschaler Kritik an den Wählerinnen und Wählern nicht getan ist. Wir müssen endlich unser System, unsere Denkmuster und Entscheidungswege anpassen, wenn die Demokratie in dieser Form eine Zukunft haben will. Miteinander reden, statt übereinander zu richten, muss wieder Alltag werden. Andere auszugrenzen, ist keine Lösung.

3 DER GOLDENE ZÜGEL

Wie Finanzpolitik die Demokratie schädigt

Wer das Geld hat, hat die Macht. Die Finanzpolitik in diesem Land ist einer der schärfsten Gegner der Demokratie geworden. Denn: Da, auf Landes- und Bundesebene, wo es etwas zu verteilen gäbe, sitzen Bürgerinnen und Bürger nicht mit am Tisch. Und dort, wo sie stattdessen mitreden dürfen, haben ihre Einwände kaum Aussicht auf Erfolg. Weil in vielen Dörfern und Städten eher Mangel verwaltet wird, statt Möglichkeiten zu schaffen. Seit Jahrzehnten bestimmt Landespolitik über Förderinstrumente der Kommunen – und stellt damit deren verfassungsrechtliche Selbstbestimmung massiv in Frage. Das überzeugt Bürgerinnen und Bürger nachhaltig davon, dass Demokratie Mängel hat. Dabei wäre es einfach, dies zu ändern. Wenn man bereit ist, Macht zu teilen. Und Vertrauen hat. Doch beides fehlt.

Geld und Macht

Geld ist in der Politik beinahe alles. Geld benötigt man, um Vorhaben umsetzen zu können. Wer über das Geld verfügt, kann bestimmen, welche das sind. Wer das Geld hat, hat also die Macht. Dieser Satz ist ebenso simpel, wie er treffend Realität im politischen Orbit 2021 beschreibt. Aber ist er deshalb auch richtig? Sollte er nicht eigentlich lauten: Wer die Macht hat, hat das Geld? Und würde dies nicht eigentlich bedeuten, dass die Bürgerinnen und Bürger, als der Souverän, hier mitbestimmen sollten? Also wir alle, die wir Macht per Mandat delegieren. Wenn wir uns auf diesen Gedankengang einlassen, schließt sich automatisch an: Wie könnte man dies in einer repräsentativen Demokratie erreichen? Eine spannende Frage, die nicht einfach zu beantworten ist. Denn zum einen ist es tatsächlich so, dass in unserem demokratischen System der per Wahl legitimierte Apparat in unserem Namen agiert. Zum anderen heißt Geld abgeben aber auch – folgt man der Eingangsthese –, ein Stück der Macht wieder abzugeben, die vorher oft sehr mühsam errungen wurde. Und das auch noch freiwillig. Und oft höre ich seitens der Landespolitiker, dass dies auch gar nicht machbar sei. Zu komplex die Materie, zu wenig Kontrolle. Zu groß das Risiko, es könne was schiefgehen mit dem schönen Geld. Ausreden, so weit das Auge reicht. Denn eigentlich ist es ganz einfach: Ein Weg würde beispielsweise über die Stärkung der Selbstbestimmung der Kommunen führen. Hier bekämen die Bürgerinnen und Bürger ganz direkt und ohne Umwege Einfluss zurück. Wenn man es denn wollte.

Gelebte Praxis der parlamentarischen Demokratie ist es nämlich, dass eine Landesregierung, gestützt auf die jeweiligen Mehrheiten, die sie im Parlament hat, im Wesentlichen darüber bestimmt, was mit dem Geld geschehen soll, das dem Land zur Verfügung steht. Natürlich muss sie das auch gegenüber den anderen im Parlament vertretenen Parteien erläutern und manchmal auch ein bisschen rechtfertigen. Denn die Finanzausgaben werden debattiert, in Ausschüssen verhandelt und landesweit mit Interessenvertretungen wie dem Städte- und Gemeindetag und anderen Institutionen besprochen. Es gibt auch öffentliche Anhörungen der einzelnen Fachausschüsse, in denen Bürgerinnen und Bürger bei den Haushaltsdiskussionen zuhören können, oder von den Fraktionen benannte und geladene Expertinnen und Experten zu Fachthemen Stellung nehmen können. Wer also ein Anliegen hier diskutiert sehen möchte, muss eine Fraktion des Parlamentes davon überzeugen, dieses auf die Tagesordnung zu setzen. Schon an diesem Punkt sind normale Bürgerinnen und Bürger quasi vom Teilhabeprozess ausgeschlossen. Denn wenn durch diesen Vorgang überhaupt Einfluss genommen werden kann, dann nur durch Interessenvertretungen wie Gewerkschaften, Verbände und Ähnliches.

Und selbst wenn man den Sprung auf die Agenda geschafft hat: Der Ausgang ist komplett offen. Eine Verpflichtung, auf die eingebrachten Vorschläge einzugehen, besteht nämlich nicht. Am Ende eines solchen Beratungs- und Anhörungsmarathons wird das Ergebnis, der sogenannte Haushalt, im Plenum final diskutiert und verabschiedet. Per Gesetz ist dann geregelt, wer, wann, wie viel Geld bekommen wird. Wie groß die Etats der verschiedenen Ministerien sind. Oder auch, wie viel Geld man in Förderprogramme investieren möchte, um das sich Interessenten dann wiederum bewerben dürfen. Meistens schreibt dieses Gesetz die Regeln in Sachsen für zwei Jahre fest.

Am Ende stehen komplexe Werke, die selbst von Insidern nur

sehr schwer und von Außenstehenden überhaupt nicht mehr überblickt oder wirklich verstanden werden können. Und diese Komplexität ist gewollt, macht sie es doch so unendlich schwer, fundierte Zweifel ernsthaft ins Gespräch zu bringen. Und selbst Abgeordnete, die intensiv involviert sind, erklären gelegentlich achselzuckend, dass sie das eine oder andere selbst nicht verstehen. Meist folgt dann der Verweis an die wenigen Fachpolitikerinnen und -politiker, die tiefer in der Materie stecken. Denn: Die Regelwerke und Abhängigkeiten sind auch für den normalen Abgeordneten nur begrenzt übersehbar. Vor allem wenn es um das Abschätzen der Möglichkeiten geht. Also der Einschätzung, wie viel Geld eigentlich wirklich vorhanden ist und potenziell zur Verfügung steht. Hier sind die meisten Volksvertreterinnen und -vertreter darauf angewiesen, dass ein Finanzministerium erklärt, erläutert und aufzeigt, was geht. Da dieses in der Regel von parteigebundenen Ministerinnen oder Ministern geführt wird, ist spätestens hier Vorsicht geboten. Und die Frage erlaubt, ob eine Auskunft über die Machbarkeit einer Finanzierung tatsächlich realitätsnah oder in vielen Fällen doch auch parteipolitisch geprägt ist. Es wird hochgerechnet, prognostiziert und geschätzt. Die Verwaltung des Geldes ist Sache eines sehr beschränkten Kreises. Und sie kennt eigene Dynamiken.

So schaffte es der Finanzminister der sächsischen CDU über Jahre, beinahe jede Meldung über Steuermehreinnahmen des Freistaates den Begehrlichkeiten des Parlamentes vorzuenthalten. Es flossen dreistellige Millionenbeträge wahlweise in Sondertilgungen, Generationenvorsorgerücklagen oder – auch gern genommen – in die Haushaltsbewirtschaftungsrücklage. Letzteres ist eine Art unkomplizierte «hohe Kante» und derzeit über eine Milliarde Euro schwer. Begründet wurde dies stets mit wechselnden politischen Argumenten. Von Flüchtlingskrise bis

Vorsorge. Durchgesetzt von der eigenen Partei. Der Rest des Parlamentes durfte klagen und schimpfen. Mehr aber nicht. Man darf daran zweifeln, dass dies der demokratischste Weg ist. Auch wenn dieser durch eigene Mehrheiten gedeckt gewesen ist. Nur ein Beispiel, das zeigt: Die Verfügung über die finanziellen Möglichkeiten eines ganzen Landes ist ein sehr komplexer, von politischen Interessen getriebener Vorgang, den die Bürgerinnen und Bürger den Abgeordneten anvertraut haben. Diese sind aber wiederum auf wenige Schlüsselpersonen und Ministerien angewiesen, die alles im Blick haben. Und darauf, dass Daten und Fakten wirklich real und nicht schon bei deren Erstellung parteipolitischen Interessen unterworfen sind.

Raus aus der Zuschauerdemokratie!

Finanzpolitik klingt also bei der ersten Beschreibung nach wirklicher, offener und transparenter Debatte – tatsächlich kann diese aber bei aller Mühe sämtlicher Beteiligter nur begrenzt sein. Und das jetzige Procedere ist nicht mehr und nicht weniger als der notwendige, unter den gegebenen Rahmenbedingungen noch umsetzbare Weg, den man eben gehen muss. Und auch gefahrlos kann. Denn schon jetzt dauert der Prozess der Haushaltsverabschiedung gerne Monate. Eine wirkliche Gefahr für die Interessen der Regierenden droht dabei meistens nicht, kann eine Landesregierung doch in den allermeisten Fällen Kraft ihrer Mehrheit den Plan notfalls mit den eigenen Stimmen durch den Landtag bringen. Einigkeit innerhalb der Regierungsparteien vorausgesetzt. Aber da man in der Regel die Verteilung der Mittel über den Koalitionsvertrag vorab zumindest grob abgesteckt hat, gibt es hier höchstens noch kleinste Gefechte um

Details an der Kommastelle. Man möchte mit dieser Debatten-schlacht natürlich aufzeigen, dass man zwar dieses oder jenes wollte, die Umsetzung aber leider an den harten Verhandlungen gescheitert sei. Ein Signal an die Wählerschaft. Mehr ist es an dieser Stelle oft nicht. Die Opposition ist dabei weitgehend dar-auf begrenzt, Kritik zu äußern. Und auch die Bürgerinnen und Bürger selbst haben in diesem Verfahren keine Stimme mehr. Per Ausübung ihres Wahlrechtes haben sie zuvor bestimmt, wer für sie stellvertretend diskutiert, plant, festlegt und am Ende vollzieht. So ist das in einer repräsentativen Demokratie vorgesehen. Dieses System hätte durchaus seinen Sinn und seine Berechtigung, hätten sich die dahinterliegenden Prozesse nicht mehr und mehr verselbständigt. Das Ergebnis: Was vor der Wahl versprochen wurde, muss nach der Wahl so nicht ein-treten. Sei es, weil – im Falle ehrlichen Bestrebens – die eigene Mehrheit nicht reicht, das Vorhaben durchzusetzen. Oder – im anderen Fall – weil die Prioritäten und Ziele sich anderweitig in der politischen Diskussion zerschlagen haben. Oder ein Finanz-ministerium doch noch interveniert. Oder, oder, oder. Zusagen, die man im Wahlkampf tätigte, müssen nicht eingehalten wer-den. Und man kann dabei immer auf das komplexe System ver-weisen, welches die Bestrebungen verhindert habe. Das System. Nicht das Individuum oder der Partei- oder Koalitionsverbund. Die Entpersonalisierung dieser Vorgänge schützt die eigene Per-son, das eigene Mandat – denn deren Komplexität erlaubt es fast immer, eine gute Begründung zu liefern, warum ein Ziel nicht zu erreichen ist.

Wirkliche Verantwortung für die Resultate übernimmt am Ende niemand. Doch was möglicherweise einzelnen Abge-ordneten zugutekommt, hat über Jahre verheerende Schäden in Sachen Glaubwürdigkeit des Systems und der Politik nach sich gezogen. Denn das Gedächtnis unserer Bürgerinnen und Bürger funktioniert. Und deren Enttäuschung, die proportional zur Fortsetzung dieses Handelns wächst, ist real. Wahlperiode für Wahlperiode verstärkt sich der Eindruck, dass einzelne Personen ohnehin nichts verändern könnten. So entstehen Sätze wie: «Die wollen ja nur alle paar Jahre gewählt werden.» Oder: «Was mit uns ist, interessiert doch keinen.» Bürgerinnen und Bürger als Zuschauer in unserer Demokratie, die aber mit Teilen des Programmes nicht mehr wirklich einverstanden sind. In dem beschriebenen Falle helfen keine Volksbegehren und Volksentscheide, die bei Fiskalfragen ohnehin nicht zugelassen sind. Was bleibt, ist die Realitätsflucht in elektronische Netzwerke, die dafür sorgen, dass sich Wut, Unverständnis und reale Kritik zu einem gefährlichen Sturm vermeintlicher und ernst zu nehmender Einwände zusammenbraut, der seine eigene unkontrollierbare Dynamik entwickelt. Der inzwischen auch ein weiteres, sehr reales Ventil geboren hat. Denn die Bürgerinnen und Bürger haben nun auf Parteiebene eine angebliche Alternative, der sie ihre Stimme leihen können. Und wenn auch nur, um sich auf diese Weise Gehör zu verschaffen. Diese «Alternative» gäbe es mutmaßlich nicht, würden wir den Bürgerinnen und Bürgern mehr Teilhabe ermöglichen und das System transparenter, stringenter und ehrlicher gestalten. Sei es bei der Finanzpolitik oder bei allen anderen Themen.

Mehr Bürgerbeteilung – aber wie?

Was auf Landesebene nicht vorgesehen ist, gilt im Gegensatz dazu in den Kommunen als Standard. Geregelt durch die Kommunalverfassung, also die Sächsische Gemeindeordnung, die vom Landtag in Gesetzesform gegossen wurde. Diese fordert, dass die Bürgerinnen und Bürger einer Stadt oder einer Gemeinde auf einen Haushalt Einfluss nehmen dürfen. Dieser wird öffentlich im Rathaus ausgelegt, und zwar nachdem er vom Stadtrat als Entwurf beraten wurde und bevor er final beschlossen worden ist. Zwischen dieser letzten Diskussion durch die Gemeindevertretung und dem dann folgenden Beschluss steht dem Souverän damit die Möglichkeit offen, Einwände geltend zu machen. Sieben Tage lang liegt der Haushaltsplan öffentlich aus. Danach bleiben 14 Tage Zeit, dazu schriftlich Stellung zu beziehen. Einwände müssen wiederum vor der Verabschiedung des Plans im Rat behandelt werden. Theoretisch also sind die Mitglieder einer Kommune mit dem Recht versehen, Widerspruch einzulegen, wenn ihnen etwas merkwürdig oder falsch erscheint. Oder sie vielleicht etwas ganz anderes als Priorität setzen würden, als vorgesehen.

Was zuerst sehr partizipativ klingt, gestaltet sich in der praktischen Durchführung als überaus problematisch. Die Einsicht in einen solchen Haushaltsplan setzt Kenntnisse voraus, die bei vielen Bürgerinnen und Bürgern nicht per se vorhanden sind. Zusammenhänge sind schwer zu verstehen, oftmals geht es lediglich um Haushaltsnummern und nackte Zahlen. Eigentlich nichts, was sich selbst erklärt. Eine Erläuterung oder Begleitung der Bürgerinnen und Bürger beim Lesen und Verstehen ist nicht vorgesehen. Doch das ist nicht der wesentliche Grund, warum sie sich kaum einmischen. Denn wer das will, der findet auch einen Weg, sich die Erläuterungen zu organisieren, die es dafür braucht. Und ich für meinen Teil erkläre per Videoclip und auch auf Anfrage gerne jede einzelne Zahl. Wie viele meiner Kolleginnen und Kollegen.

Die Wahrheit liegt tiefer verborgen. Der erste wirkliche Hinderungsgrund einer stärkeren Bürgerbeteiligung ist die Demotivationslage, die das jahrelange über die Köpfe Hinweg-Regieren erzeugt hat und die auch auf die Kommune durchschlägt. Viele Bürgerinnen und Bürger unterscheiden kaum zwischen den einzelnen Handlungsebenen. Für sie ist der Staat eben der Staat. Und dieser pflegt inzwischen zu seinen Bürgern meistenteils ein Widerspruchsverhältnis. Meist interagiert er mit ihnen nur dann, wenn sich Widerstand gegen eine Verfügung regt. Genau deshalb setzt die Bürgerinnen und Bürger auch die kommunale Ebene der Sache gleich. Ausnahmen gibt es maximal dann, wenn es bei Wahlen um Stadträte oder den oder die Bürgermeisterin geht. Oder irgendjemand Windräder aufstellen, Gebühren exorbitant erhöhen oder Straßen sperren möchte.

Ansonsten aber laufen auch die Dinge vor Ort zumindest in der Wahrnehmung der Bürger als Teil des Ganzen mit. Warum also sollten sie auf anderen Gebieten des politischen Betriebs, wie etwa der Haushaltsaufstellung, anderes erwarten? Eine Frage, die direkt zum zweiten Grund führt, der Menschen von Beteiligung abhält: das fehlende Wissen, wie denn überhaupt das politische System unseres Landes oder auch der eigenen Stadt funktioniert. Welche Rolle ich als Bürger dabei spiele und ergo auch, welchen Einfluss ich als Bewohner einer Stadt oder Gemeinde auf die Lokalpolitik nehmen kann. Die Ursache hierfür ist ebenso klar wie einfach zu identifizieren. In unseren Schulen findet so gut wie keine politische Bildung mehr statt. Oder anders gesagt: Wir sorgen nicht dafür, dass aus Kindern Demokratinnen und Demokraten werden. Und damit Menschen, die zur Teilhabe am politischen Prozess befähigt sind. Ausnahmen bestätigen die Regel. Ein Fehler, der sich zu einer tickenden Zeitbombe entwickelt. Und der vor allem in der derzeitigen Stimmungslage dieser Gesellschaft Ost auch im Kreis der Freunde und Familie nur selten ausgeglichen wird. Ein Teufelskreis, der dazu führt, dass ein erheblicher Teil der Bevölkerung derzeit aktive und vorwärtsgerichtete Teilhabe durch hilflosen Widerstand und Protest ersetzt.

Besonders diese Menschen müssen wir wieder erreichen und verlorenes Vertrauen wiedergewinnen. Durch offene und ehrliche Debatten, Handreichung und nicht durch Isolation. Denn unter ihnen sind sehr viel mehr Andersdenkende als radikale Hetzer, die es wirklich auszugrenzen gilt. Viele, die eigentlich genau in diesen Zeiten unendlich wertvoll für unsere Demokratie wären. Solche, die wissen, worum es geht, und die sich auch beteiligen könnten – wenn sie es denn nur für sinnvoll halten würden. Diese Menschen mischen sich selten in kommunale Belange ein, weil sie wissen, dass es eigentlich kaum etwas zu verteilen gibt. Sprich: Weil es kaum Möglichkeiten gibt, Dinge umzusetzen und selber wirken zu können. Damit gibt es auch keine Beteiligung mehr. Teilhabe am Mangel ist keine Motivation. Auf Landes- und Bundesebene indes, wo es in der Regel darum geht, vorhandene Mittel auf die verschiedenen Prioritäten und Interessenfelder zu verteilen, also ein Verteilungskampf über mögliche Finanzmittel über die Bühne geht. Dort sind die Bürgerinnen und Bürger außen vor. Wohingegen sie auf lokaler Ebene mitreden dürfen. Hier, wo im Normalfall ein Haushalt einer ländlich gelegenen Ortschaft im Osten Deutschlands die Manifestation von Mangelwirtschaft und Absichtserklärungen bedeutet. Seit acht Jahren erlebe ich, was dies mit Menschen macht. Ich sehe, wie sie abwinken, selbst wenn man sie anspricht. Und ich sehe, dass auch ich inzwischen immer hilfloser versuche, dagegen anzugehen.

Ja, es herrscht tatsächlich eine Art organisierte Mangelwirtschaft. Weil rund 90 Prozent all unserer zur Verfügung stehenden Mittel für die sogenannten Pflichtaufgaben wie Kita, Schule, Betrieb der Stadt und Personal fest verplant sind. Und alles, alle Vorhaben, die wir dennoch planen, getragen vom Prinzip Hoffnung, sind zunächst nicht mehr als Absichtserklärungen, weil wiederum ungefähr 90 Prozent aller Investitionen und Projekte, die wir uns als Stadt vornehmen, eine Wette auf die Zukunft darstellen, für deren Umsetzung wir Kofinanzierungen des Freistaates benötigen. Kommunale Finanzpolitik ist so am Ende doch wesentlich von der Verteilung der großen Fördertöpfe auf Landesebene bestimmt. Meist ist bei der Aufstellung des Haushaltes noch gar nicht bekannt, ob meine Kommune die verplanten Gelder tatsächlich erhält. Weil der Antrag noch nicht bearbeitet ist. Weil man in Dresden den Antrag nicht für relevant hält. Weil die Mittel schon vergeben sind und wir schlicht noch nicht informiert wurden, dass wir durchgefallen sind. Oder weil die aktuelle Förderungsrunde auf Themen ausgerichtet ist, die sicherlich wichtig sind, aber die gerade bei uns in der Stadt keine Rolle spielen.

Im Regelfall wissen normale Bürgerinnen und Bürger über all diese Vorgänge denkbar wenig. In meiner Stadt Augustusburg bemühen wir uns, sehr offen über aktuelle Vorgänge zu informieren. Wir berichten und diskutieren und veröffentlichen per Video und Stadt-App regelmäßig Updates über unsere Haushaltspläne und alle anderen Vorhaben und Projekte. Die Bürgerinnen und Bürger wissen hier in der Regel Bescheid. Und trotzdem: Jahr für Jahr liegt auch bei uns der Haushalt im Rathaus aus, wird aber so gut wie nie eingesehen. Geschweige denn, dass von Bürgerseite Einspruch zu erwarten wäre. Das zeigt, wie tief das Desinteresse an den aktuellen Finanzierungsvorgängen bei den Bürgerinnen und Bürgern verwurzelt ist – ein Resultat eines Systems, das auf echte Teilhabe nicht ausgelegt ist. Dass Möglichkeiten im Umkehrschluss zum kompletten Gegenteil führen, sehen wir bei unseren Bürgerprojekten. Hier boomt das Interesse. Denn hier ist Aussicht auf Erfolg Teil des Systems.

Zusammengefasst bedeutet das: Auf Ebene des Landes, wo es darum geht, finanzielle Möglichkeiten zu verteilen und Prioritäten zu setzen, also dort, wo wirklich Weichen gestellt werden können, bleiben die Bürgerinnen und Bürger außen vor. In den Kommunen, wo kaum finanzielle Möglichkeiten vorhanden sind, steht ihnen die Möglichkeit zur Teilhabe zwar offen – allerdings haben sie gelernt, dass es wenige Möglichkeiten gibt, wirklich Einfluss zu nehmen. Zusätzlich ist die Wissensgrundlage in vielen Fällen schlicht und einfach nicht vorhanden.

Das Resultat sehen wir im Zeitraffer in unseren Gemeinschaften, und im Osten ist dieser Trend besonders richtungsweisend: Bei den Bürgerinnen und Bürgern kommt an, dass ihre Beteiligung aussichtslos und unerwünscht ist. In der Folge wenden sie sich ab oder wechseln in Protestbewegungen. Die anschließende pauschale Einordnung in das Lager der Demokratiegegner vertieft diesen klaffenden Graben noch, den die Politik zwischen sich und die Bürgerinnen und Bürger dieses Landes gegraben hat.

Damit man mich nicht falsch versteht. Ich bin Realist. Nach acht Jahren Arbeit mit und für unsere Bürgerinnen und Bürger weiß ich, dass ein Teil sich schlicht nicht beteiligen möchte. Mir ist auch bewusst, dass Kritik, vom bequemen Sofa aus geäußert, nicht immer konstruktiv und produktiv sein muss. Aber ich bin zutiefst davon überzeugt, dass man Menschen noch zum

Mitmachen und Gestalten begeistern kann. Die Voraussetzungen für eine erfolgreiche Bürgerbeteiligung sind allerdings ein ernsthaftes Programm und entsprechende objektive Möglichkeiten innerhalb des größeren politischen Systems. Wie aber soll das gelingen, wenn wir jeden Tag die entmutigen, die schon jetzt mitmachen wollen? Diese Menschen sind es, die wir verlieren. Und das kann sich unsere Demokratie nicht leisten, wenn sie eine Zukunft haben will.

Für die immerwährenden Nein-Sager empfehle ich den vergleichenden Blick auf Gesellschaften, die diese Prozesse erfolgreich anders gestalten und damit regelmäßig höchste Zufriedenheitswerte im europäischen Vergleich erzielen. Nehmen wir als Beispiel Norwegen: Dort wird die Verwendung von rund 50 Prozent der verfügbaren Mittel des gesamten Landes auf kommunaler Ebene entschieden. Bei uns in Deutschland liegt dieser Wert bei 15 bis 18 Prozent.

Die Förderlotterie

Statt über grundsätzliche Änderungen nachzudenken, werden nun Kampagnen gefahren, die vom eigentlichen Thema ablenken. Eine ist der derzeitige Ruf nach Bürgerhaushalten.

Es ist ein interessantes Phänomen: Landespolitikerinnen und -politiker werben dafür, dass Kommunen endlich Teile des Haushaltes oder Entscheidungen zu verschiedenen Vorschlägen der Verwaltung vom Bürger bescheiden lassen. Es werben also jene dafür, die selbst eine Menge finanzieller Möglichkeiten für die Kommunen unter den Vorbehalt der Förderung und damit die eigene Kontrolle stellen, dass die Kommunen wiederum den Bürger selbst entscheiden lassen. Was ein wenig merkwürdig anmutet, ist zudem auch überflüssig. Viele Städte und Gemeinden brauchen diese grundsätzliche Anregung nicht – denn vielerorts sind bereits entsprechende Instrumente zur Bürgerbeteiligung vorhanden oder sollen ausgebaut werden. Das basale Problem besteht nicht in der Motivation der Kommunen, mehr Bürgerbeteiligung zu ermöglichen, sondern vielmehr in der mangelhaften finanziellen Ausstattung. Denn ohne Mittel keine Möglichkeiten. Und ohne Möglichkeiten nichts, woran sich die Bürgerinnen und Bürger beteiligen könnten. Denn momentan sind Bürgerbeteiligungsinstrumente meistens nach dem Motto gestrickt: Wollt ihr Vorschlag A, B oder C? Oft sind die Vorschläge nicht extra erdacht worden, sondern schlicht zur Wahl gestellt, weil es ohnehin nicht für alle reichen würde. Initiativbeteiligungen, bei denen Bürger selber Ideen zu Mitmachprojekten einbringen können, sind die Seltenheit.

Wir brauchen aber gerade im ländlichen Raum konkrete Umsetzungsmöglichkeiten für Bürgerinteressen. Im Zusammen zwischen Bürgern und Stadt. Grundlage dafür sind zwingend eine nennenswert bessere Finanzausstattung, zentrale Möglichkeiten zum Erlernen neuer Konzepte und ein einheitlicher rechtlicher Rahmen. Zu diesen Themen sollten zumindest Vorschläge erarbeitet werden. Zwar unterliegen die Kommunen zumindest theoretisch der Selbstverwaltung. Viele haben aber gar nicht die Möglichkeiten, solche Rahmenbedingungen zu schaffen. Oder machen dies auf eigenes Risiko, wie wir es beispielsweise tun. Weil wir der Meinung sind, dass dieses Thema wichtiger ist als Paragraphentreue im Tausendstel der Kommastelle. Doch statt ernsthaft etwas in dieser Richtung in Gang zu bringen, ist das Thema der Bürgerhaushalte derzeit lediglich ein Appendix auf der politischen Agenda. Priorität null. Ein Scheingefecht. Ein bloßes Lippenbekenntnis. Und eine effektive

Taktik, um Verantwortung für eine problematische Situation auf andere zu verlagern: «Seht her, die Kommunen könnten doch, machen aber nicht.» Grundlegend ändert sich durch diese neuen Bestrebungen nichts, sieht man von 70 000 Euro ab, die die sächsischen Kommunen seit zwei Jahren zusätzlich vom Freistaat erhalten. Diese sind zwar nicht für Bürgerprojekte vorgesehen, gaben aber beispielsweise uns den Spielraum, Geld aus dem Haushalt für dieses Vorhaben einzusetzen. Besser als nichts also. Aber eben auch eine Summe, mit der man darüber hinaus eine Stadt nicht retten kann. Die grandiose Unterfinanzierung und der Investitionsstau auf Empfängerseite lassen diese Zahlungen als nette Geste verkommen.

Ein weiterer wichtiger Punkt ist, dass auch bei diesen Mitteln, die «zur freien Verwendung durch die Kommunen» gedacht und als solche auch angekündigt waren, der typische Kontrollreflex der Finanzpolitik stufenweise einsetzte. Erst wurde darauf verwiesen, die Kommunen sollten das Geld «investiv» verwenden, was beispielsweise verhindert, dieses Geld zur Unterstützung von Vereinen zu nutzen. Doch das reichte nicht. Wieder etwas später wurde dann sogar über die tatsächliche Verwendung des Geldes Rechenschaft gefordert. Belegt durch die Übersendung eines Stadtratsbeschlusses, der nachweist, wofür das Geld genutzt wurde. Freie Verwendung? Klar. Mit Zweck und Nachweis.

Kontrolle. Überwachung. Misstrauen. Das sind weiterhin die Treiber, die bei finanziellen Zuwendungen an die Kommunen ein ums andere Mal dafür sorgen, dass Geld nicht pauschal in Eigenverantwortung übergeben wird. In den Ausbau dieses kontrollierten Bereiches auf Antrag investiert der Freistaat. Und zwar sehr viel Geld. Rund 6 Milliarden Euro Fördermittel enthält der Doppelhaushalt des Freistaates im Schnitt. Dabei ist selbstverständlich nicht die komplette Finanzmasse zur Verwendung durch die Kommunen bestimmt. Aber nahezu sämtliche größere Vorhaben müssen über diesen Weg finanziert werden. Straßenbau, der Bau neuer Schulen, Kitas und Sportstätten. Kurz: Beinahe alles, was die Infrastruktur einer Kommune darstellt.

Den Bau eines Sportplatzes für zwei Million Euro kann eine Kommune wie die unsere in der Regel nicht aus eigenen Mitteln finanzieren. Die pragmatische Lösung wäre es, Pauschalen zu zahlen, mit denen wir langfristig selbst entscheiden können, was wir bauen wollen. Also die Entscheidung über die Verwendung des Geldes in die Verantwortung der Städte und Gemeinden zu geben (und damit in den Einflussbereich der Bürgerinnen und Bürger zu verschieben). Stattdessen definiert man einen undurchdringlichen Apparat von Förderrichtlinien. Möglichkeit wird zum zu beantragenden Gut. Zukunft damit auch.

Möchten wir als Stadt etwas umsetzen, müssen wir es beantragen, begründen, darüber Rechenschaft ablegen. An dieser Stelle stirbt eigentlich die kommunale Selbstverwaltung. Denn die Entscheidung über die Bewilligung von Förderanträgen wird zumeist von Einzelpersonen – konkret von Sachbearbeiterinnen und Sachbearbeitern in den entsprechenden Förderstellen – getroffen. So kann ein Vorhaben auf Kommunalebene durch einen gewählten Rat bewilligt werden, aber trotzdem keine Förderung erhalten.

Diese einfache Gleichung macht die Antragstellung zum Ersatz der Selbstbestimmung. Und zugleich zum zentralen Prozess des Lebenstaktes einer Kommune, an dem alles hängt. Zukunftsfähigkeit. Lebensqualität. Zufriedenheit der Bürger. Und zugleich produziert dies einen teils irrsinnigen Aufwand. Sowohl aufseiten der Kommunen als auch der Förderstellen.

Das alles kostet am Ende Geld, das für die eigentlichen Zwecke nicht mehr zur Verfügung steht. Weil es einzig den Apparat füttert.

Die Sächsische Aufbaubank, die wesentlich an der Verwaltung der Förderprogramme im Freistaat Sachsen beteiligt ist, hat 2019 im Bereich «Kommunen und Infrastruktur» über 1566 Förderanträge mit einem Gesamtvolumen von 830 Millionen Euro positiv beschieden. Wie viele Vorgänge insgesamt dahinterstehen, ist unklar. Klar ist aber, dass diese Verfahren von Jahr zu Jahr komplexer und die Anträge immer umfangreicher werden. Hinzu kommt, dass jeder Kommune eine Gegenstelle vorgehalten werden muss, um die korrekte Abrechnung von Projekten sicherstellen zu können. So kann die Abrechnung eines Förderprojektes, wie beispielsweise die Neubeschilderung unserer Wanderwege, die wir 2018 in Augustusburg vorgenommen haben, bei einer Fördersumme von 30 000 Euro schon mal ein Projekt sein, das sich über mehr als zwei Jahre hinzieht. Ergebnis: Für diesen Prozess mussten wir in der Kommune personell zweieinhalb Mannmonate einer Vollzeitstelle aufwenden, was finanziell etwa 5000 Euro entspricht. Wenn bei der Förderstelle auch nur ein ähnlicher Aufwand vorzuweisen wäre, dann liegen wir – konservativ geschätzt – bei Prüfkosten, die etwa ein Drittel der Fördersumme ausmachen. Ob ein solcher Aufwand angemessen ist, darf sehr ernsthaft bezweifelt werden. Zudem stellt sich die Frage, was solch komplexe, wenig sinnhafte und langwierige Prozesse über das Vertrauensverhältnis zwischen Land und Kommune aussagen?

Der Förderapparat ist nicht nur komplex, er ist auch nicht planbar. So können Anträge im Straßenbau sich beispielsweise über Jahre hinziehen. Grund hierfür ist, dass die beantragten Summen oft die Mittel übersteigen, die der Freistaat einplant. Ergo gehen zahlreiche Kommunen leer aus und müssen ihre Anträge erneut stellen. Es erinnert ein bisschen an eine jährliche Ziehung der Lottozahlen – Spektakel Förderlotterie. Wer leer ausgeht, spielt seine Zahlen einfach weiter.

Welche Schlaglöcher wir stopfen müssen

Bei Projekten, die den Straßenbau betreffen, kochen die Gemüter hoch – anders als bei Bildung und ähnlichen «weichen Themen», ist hier sofort Stimmung im politischen Diskurs. Gute Kommunalpolitiker misst man im Autoland noch immer auch an den sanierten Straßenmetern. Der motorisierte Steuerzahler versteht hier keinen Spaß. Da kann es schon einmal vorkommen, dass besorgte Bürgerinnen und Bürger ein herzliches «Wo sind unsere Steuergelder geblieben?» auf den Restasphalt unserer Staatsstraße sprühen. Anonym natürlich. Oder sie bepflanzen in einem Ortsteil unserer Stadt die inzwischen jahrzehntealten Löcher einer Kreisstraße mit Stiefmütterchen. Um der fortschreitenden Eskalation Herr zu werden, dachte sich das zuständige Wirtschaftsministerium eine großartige Lösung für das Problem aus. Unter großem politischen Druck wurde die Förderrichtlinie kurzerhand abgeschafft. Alle Mittel waren ohnehin zuvor hoffnungslos überzeichnet. Topf leer. Die Streichung der Regeln erfolgte ersatzlos. Denn die neuen Ideen, wie man das Thema künftig organisieren wolle, sind noch nicht in ein Regelwerk gegossen. Und so gibt es vorerst überhaupt keine Regelung.

Und auch hier gäbe es eine naheliegende Lösung: Jede Kommune erhält eine Pauschalzuweisung pro Straßenkilometer und

Jahr, die zweckgebunden aufgespart werden kann. Diese einfache und pragmatische Lösung würde die Förderungslotterie überflüssig machen und die Kommunen ermächtigen, ihre Mittel endlich selbstverantwortlich zu verwenden. Und zwar an der Stelle und zu dem Zeitpunkt, die für Stadt und Bürger richtig sind.

Zusätzlich würde Planungssicherheit herrschen, und man könnte gegenüber den Bürgerinnen und Bürgern endlich wirkliche Transparenz herstellen, was die geplante Verwendung der Mittel angeht. Denn auch eine kaputte Straße ist erträglicher, wenn man weiß, dass sie definitiv in zwei Jahren saniert wird. In Augustusburg machen wir das genau so. Im kleinen Rahmen. Wir als Stadt erhalten jedes Jahr vom Freistaat nämlich tatsächlich schon pauschal Geld pro Straßenkilometer. Allerdings nicht, um Straßen neu zu bauen, sondern um vorhandene zu flicken. Also so, wie wir es uns eigentlich auch für den Neubau wünschen würden. Dieses Geld verteilen wir über einen Einwohnerschlüssel auf die Ortschaften. So erhält jeder Ortsteil eine bestimmte Summe. Jedes Jahr. Die Ortschaften wiederum können dann eigenständig festlegen, wofür sie dieses Geld einsetzen wollen. Ob sie es aufsparen wollen, um vielleicht später dafür eine größere Maßnahme finanzieren zu können. Oder ob man tatsächlich ein paar Löcher stopfen muss. Die Planung der einzelnen Vorhaben übernimmt die Stadt über einen externen Partner, der sich mit den Ratschefinnen und -chefs der Ortschaften abstimmt. Diese haben die Maßnahmen wiederum in ihren Ratssitzungen mit den Bürgerinnen und Bürgern besprochen. Ausschreibungen etc. werden dann auf dieser Weise vom Planungspartner erarbeitet. Die Stadt übernimmt die Abwicklung und die Abrechnung.

Durch dieses transparente Vorgehen sind die früher dauerhaft lodernden Konflikte rund um das Thema Straßenausbesserung innerhalb der Stadt auf ein Minimum reduziert worden. Statt der jahrzehntelangen Flickschusterei, zu der finanzieller Mangel ja zumeist führt, konnten wir zudem in Augustusburg so inzwischen einige größere Abschnitte, ja, ganze Straßen grundlegend sanieren. Weil wir ebendiese Mittel über mehrere Jahre zusammenlegten. Das ist nicht nur für die selbstverantwortliche Verwaltung ein großer Gewinn, sondern ergibt langfristig auch wirtschaftlich Sinn. Allerdings wird sich das nicht wiederholen. Denn seit 2020 dürfen solche Mittelbündelungen nicht mehr stattfinden. Recht geht vor Sinn. Wie so oft. So auch hier.

Der Irrsinn des Fördersystems

Eine Regelung, wie die im vorherigen Abschnitt beschriebene, ist problemlos zwischen einer Landesregierung und einer Kommune umsetzbar. Würden wir dies ausweiten und auf andere Bereiche übertragen, würden nicht nur Kommunen gestärkt werden, sondern auch der Kontrollaufwand seitens der Förderstellen würde erheblich sinken. Ein weiterer Nebeneffekt wäre die Unabhängigkeit gegenüber aktuellen Marktentwicklungen – heutzutage tatsächlich ein handfestes Argument.

In unserem bisherigen Fördersystem kann nämlich genau diese Abhängigkeit katastrophale Folgen haben. Förderbescheide haben in der Regel festgelegte Fristen, in denen sie umzusetzen sind. Diese kann man gelegentlich verlängern. Manchmal aber auch nicht. In letzterem Falle ist man der Willkür des Marktes frei ausgesetzt und muss Projekte schlimmstenfalls in Hochpreiszeiten ausschreiben. Bei größeren Infrastrukturprojekten – etwa dem Bau einer Brücke für 1,8 Millionen Euro – können bereits 10 Prozent Schwankung über die Umsetzung eines Projektes entscheiden. Denn die Mehrkosten müssen auf Kommunalseite in den meisten Fällen zu 100 Prozent getragen werden – statische Förderprogramme, die ohnehin schon ihre Mittel bis aufs Äußerste strapazieren, kommen hier an ihre Grenzen. Kasse leer. Kein neuer Antrag. Fertig.

Nicht nur solche Mehrkostenentwicklungen sind ärgerlich und gefährlich. Richtig wirr wird es, wenn ein Projekt beispielsweise aus irgendwelchen Gründen gestoppt wird und deshalb aus dem Zeitfenster für die Abrechnung fällt. Die zuständige Förderstelle gewährt eine Verlängerung dann meist nur gegen Zahlung eines Strafzinses. Einzige Alternative: Das Angebot neu unterbreiten, das bisherige Fördergeld zurückgeben und auf gut Glück einen neuen Antrag stellen. Mit ungewissem Ausgang. So geschehen bei einem großen Rückbauprojekt einer alten Baumwollspinnerei im Ortsteil Erdmannsdorf. Dort hatte kurz vor dem planmäßigen Beginn des Abrisses eine anonyme Quelle einen Turmfalken gesichtet. Bei der folgenden Begehung mit dem zuständigen Landratsamt wurde es noch problematischer: Es ergab sich die Vermutung, es könnte sich bei dem Gebäude zudem um ein Sommerquartier von Fledermäusen handeln. Wohlgemerkt könnte. Denn es war April. Sommerquartiere beziehen die Flattermänner im Juni. Als endlich alle Fragen rund um diese Mutmaßung geklärt waren, hatten wir so viel Zeit verloren, dass wir den Projektzeitraum nicht mehr einhalten konnten. Die Konsequenz: 7000 Euro Strafzinsen an die SAB wurden fällig – lediglich der Tatsache geschuldet, dass das Geld später ausgegeben wurde, als ursprünglich geplant. Ein kalkulierter Verlust, denn für eine Neubeantragung, die den Zins vermieden hätte, war die Aussicht leider vollkommen ungewiss.

Summa summarum können im Härtefall ganze Projekte an solch übertriebener finanzpolitischer Bürokratie scheitern. Leidtragende sind die Bürgerinnen und Bürger der Kommunen, die all dies ja schließlich mit ihren Steuergeldern erst ermöglichen.

Sehr verbreitet sind auch Kostenüberschreitungen, die durch reine Wartezeit auf die Entscheidung einer Förderinstanz entstehen. In der Förderpraxis ist dies wohl das häufigste Negativbeispiel für ein System, das Vorhaben oft verhindert, statt sie zu fördern. Nehmen wir als Beispiel das Vorhaben, einen Sportplatz zu errichten. Mit ein wenig Glück kann man als Kommune in Sachsen bei so einem Projekt mit bis zu 30 Prozent der Gesamtsumme vom Freistaat unterstützt werden. Für die entsprechende Antragstellung ist nun zunächst eine genaue Projektplanung inklusive Kostenschätzung nötig, die durch externe Planungsbüros erstellt werden. Ist der Antrag auf dieser Basis gestellt, beginnt die Zeit des Wartens auf eine Antwort der Förderinstanz – in unserem Falle erfuhren wir nach ganzen zwei Jahren, dass wir keine Förderung bekommen würden, weil im internen Prüfverfahren der SAB ein Punkt im Antrag fehle.

Es dauerte weitere Monate, die Auskunft zu erhalten, was am Antrag falsch gelaufen war, dies nachzubessern und mit Hilfe des Innenministeriums, mehrerer Abgeordneter und viel Selbstbewusstsein einen Förderbescheid zu erlangen. Wer nun denkt, damit wären wir bei einem Happy End angekommen, der irrt. Rund drei Jahre Verzögerung bedeuteten bei einer durchschnittlichen Baukostensteigerung von 15 Prozent pro Jahr erhebliche Mehrkosten für das Projekt. Geld, das uns in der Kommune nicht zur Verfügung steht und das wir auch vom Fördermittelgeber nicht bekommen. Bedeutet im Umkehrschluss: Hätten wir als Stadt und bei der Planung der Sportarena direkt 100 Prozent der Kosten aus Eigenmitteln geplant und sofort gebaut, hätten wir sehr wahrscheinlich aufgrund der schnellen Umsetzung diese Mehrkosten eingespart. Damit hätten wir nicht nur auf die Förderung des Freistaates verzichten können, wir wären auch insgesamt billiger weggekommen. Und das Allerwichtigste: Wir hätten schon längst eine fertige, funktionstüchtige Sportanlage.

In der Realität bauen wir dank dieses maroden Fördersystems noch heute an der neuen Sportanlage in Augustusburg. Nicht zuletzt deshalb, weil wir uns wegen der Kostenentwicklung inzwischen in der zweiten Umplanung befinden. Weil wir natürlich versuchen müssen, das Projekt wieder in einen Finanzrahmen zu bringen, den wir wenigstens per Kreditaufnahme stemmen können.

Diese beliebigen Beispiele zeigen, wie irrwitzig dieses Finanzierungsmodell funktioniert. Oder eben, dass es nicht funktioniert. Seit Jahren und Jahrzehnten soll alles einfacher und besser werden. Das Einzige, was dabei wirklich wächst, ist die Komplexität und damit auch die Zahl der Beraterinnen und Berater, die ihre Dienste für die Vermittlung, Erklärung und Abrechnung dieser Programme anbieten. Googelt man «Sachsen» und «Fördermittel» bringt dies zwei Seiten Trefferlinks zu Agenturen und Beratern zum Vorschein, die die Förderlandschaft des Freistaates Sachsen loben. Auch wir kommen inzwischen ohne externe Beratung nicht mehr aus. Und auch das bedeutet erhebliche Zusatzkosten zu Lasten der Steuerzahler. Wie viele Arbeitsplätze innerhalb der Aufbaubank und den Ministerien noch direkt an diesem Mechanismus hängen, ist unklar. Es dürften jedoch Hunderte sein. Die Gegenspieler auf kommunaler Seite noch nicht mitgerechnet.

Kritiker gehen davon aus, dass bis zu zehn Prozent der Fördersumme für deren Verwaltung verbraucht werden. Was bei milliardenschweren «Förderausgaben» pro Jahr selbst noch einmal Millionenbeträge sind. Eine interessante Nebenbeobachtung ist folgende: Die Sächsische Aufbaubank, die bei diesen Vorgängen eine sehr zentrale Stellung innehat, kann laut Rechnungshof zwischen 70 und 100 Euro pro Stunde abrechnen. Dies wurde im Mai 2019 von der «Kommission zur Vereinfachung und Verbesserung von Förderverfahren im Freistaat Sachsen» festgestellt. Im Vergleich dazu würden die internen Personalkosten der Landesregierung bei durchschnittlich 63 Euro liegen – also deutlich darunter. Aus diesem Grunde empfahl die Kommission, die Bearbeitung der Anträge künftig an die Landesdirektionen zu vergeben. Konsequenzen wurden aus dieser Empfehlung bisher nicht gezogen. Der gesamte Bericht, der sich mit Vereinfachungsvorschlägen rund um die Förderungspraxis beschäftigt, blieb ein 180-seitiges, weitgehend ignoriertes Nischenprojekt.

Das zeigt eigentlich nur eines sehr deutlich: Dem Freistaat Sachsen sind diese Probleme bekannt, und selbst die Sächsische Aufbaubank, genauer gesagt, deren neue Spitze, entwickelt ein Bewusstsein dafür. Direkt nach Dienstantritt der neuen Führung wurde die Zahl der Förderprogramme intern kritisiert und um Korrektur ersucht. Schließlich wäre die Sächsische Aufbaubank auch noch eine Bank und müsse sich als solche verstärkt darum kümmern, ein relevanter Player zu bleiben. Zu viel Service für Dritte sei da langfristig eher hinderlich. Fachpersonal ist knapp. Die Zahl der Aufgaben groß. Allein das Wirtschaftsministerium sitzt auf 77 verschiedenen

Anreiz-Programmen. Und das ist nur ein Teil der gigantischen Förderungsmaschine. Auch im Landtag hat sich inzwischen herumgesprochen, dass der gelebte Apparat rund um die Verteilung des Geldes bei den Bürgerinnen und Bürgern nicht unbedingt Jubelstürme auslöst. Doch statt konsequent zu dem Schluss zu kommen, man müsse nun Veränderung anstreben, dachte man sich eine andere Strategie aus. Die Bürgerinnen und Bürger müssten in hoher Priorität erfahren, woher das Geld für die Straße oder den Spielplatz wirklich kommt. Damit würde das Verständnis für die Förderung durch das Land gestärkt werden. Und so wurden nunmehr die Kommunen verpflichtet, an jedem geförderten Projekt ein Schild anzubringen. Dieses sagt interessierten Betrachterinnen und Betrachtern, dass das Geld für dieses oder auch jenes umgesetzte Vorhaben aufgrund der Arbeit der Abgeordneten des Sächsischen Landtages zur Verfügung gestellt wurde. Wird ein solcher Hinweis nicht angebracht, wird dies mit Abzug von der Fördersumme bestraft. So geht Finanzpolitik auf sächsisch.

Denkanstöße zur Rettung unserer Finanzpolitik

Die Bürgerinnen und Bürger schütteln die Köpfe. Die Kommunen kämpfen. Das Land regiert. Finanzpolitik wird zunehmend komplexer und unflexibler. Hier geht es nicht mehr nur um einen Vertrauensverlust – es geht um das Scheitern derjenigen Mechanismen, die wir zur Umsetzung konkreter Projekte für unsere Kommunen brauchen. Wir müssen die Finanzpolitik transparenter gestalten und wieder demokratisieren, um eben auch die Demokratie selbst zu retten.

- Demokratisiert die Finanzpolitik: Viel zu oft spielen bei Haushaltsentscheidungen parteistrategische Überlegungen die entscheidende Rolle. Wir müssen die Finanzpolitik demokratisieren und der Entpersonalisierung von finanzpolitischen Entscheidungen entgegenwirken.

- Die Macht des Geldes muss nach unten verlagert werden: Wir brauchen konkrete Umsetzungspläne für eine finanzielle Ermächtigung der Kommunen und eine verbesserte Transparenz gegenüber den Bürgerinnen und Bürgern. Mehr pauschales Geld. Weniger Förderung. Das muss Handlungsprinzip werden.

- Bürgerbeteiligung auf kommunaler Ebene scheitert nicht an fehlender Motivation, sondern an Desinformation und fehlenden Mitteln: Wir müssen einheitliche und durchführbare gesetzliche Richtlinien für Bürgerprojekte beschließen und eine verbesserte finanzpolitische Aufklärung der Bürgerinnen und Bürger ermöglichen. Beteiligung der Bürger in diesen Fragen muss verpflichtend sein.

- Raus aus der Förderlotterie: Die bestehenden Fördermodelle führen zu einer Mischung aus Antragswahn und Umsetzungsparalyse. Wir müssen den Aufwand und die Komplexität bei der Vergabe von Fördermitteln drastisch reduzieren – zum Beispiel durch eine pauschale Finanzförderung der Kommunen, die eigenverantwortlich und in Abstimmung mit den Bürgerinnen und Bürgern über diese Mittel verfügen.

- Eine Investition in unsere demokratische Finanzpolitik: Grundlegende Veränderungen politischer Abläufe sind mit Kosten verbunden. Wir müssen in die Neuaufstellung unseres Systems mutig und ohne Zögern investieren.

Jahr für Jahr führt die bisherige Finanzpolitik in Summe am Ende dazu, dass der Landesapparat größer und teurer wird. Viele Millionen Euro werden tatsächlich nicht abgerufen und ausgegeben. Sie bilden den sogenannten Haushaltsrest. Nicht selten sind es viele, viele Millionen, die hier unverwendet auf den Konten des Freistaates verbleiben. Und das, wo doch beinahe jede Kommune im Land jeden Euro zweimal umdrehen muss, bevor sie ihn ausgibt. Ein Widerspruch in sich. Seit 2013 appelliere ich an die politische Ebene, hier endlich Abhilfe zu schaffen, denn die Folgen dieses Wirtschaftens sind fatal.

Ich habe Kolleginnen und Kollegen, die bereits seit Jahrzehnten versuchten, diesen Orbit der Unmöglichkeiten zu verändern, und die irgendwann aufgegeben haben. Inzwischen stehen viele von ihnen selbst auf der Seite der Zweifler, die achselzuckend hinnehmen, was ihnen serviert wird. Nicht selten, dass auch hier inzwischen DDR-Vergleiche die Runde machen. Vom Staat, der nicht weiß, was da unten los ist. Der planwirtschaftlich Gabeln produzieren lässt, obwohl wir Messer brauchen. Damit verlieren wir wichtige Anwältinnen und Anwälte des demokratischen Systems. Weil sie nicht mehr bereit sind, alles und jedes zu vertreten.

Dies alles macht etwas mit der Demokratie im Land. Zu mir als Bürgermeister kommen die Bürgerinnen und Bürger, die unsere Finanzpolitik inzwischen entweder aufgrund der Komplexität nicht mehr verstehen oder die sie nicht mehr verstehen wollen. Beides führt zu keinem guten Ergebnis.

Nicht selten werden meine Erklärungsversuche vonseiten der Bürgerinnen und Bürger als Ausrede gedeutet. Als Ausrede dafür, dass wir im Rathaus nichts auf die Reihe bekommen. Und selbst die, die der Erklärung folgen können, wenden sich ab, weil die Lage aussichtslos erscheint. Die Finanzpolitik – und zwar auf Kommunal-, auf Landes- und auf Bundesebene gleichermaßen – beschädigt das Restvertrauen zwischen Bürgerinnen, Bürgern und der Politik erheblich. Der Glaube an das System hängt für viele am seidenen Faden. Das demokratische Miteinander braucht nicht Mangel, sondern Möglichkeiten; genauer gesagt: Es braucht eine Ermöglichungshaltung. Es braucht die freie Selbstbestimmung in der Kommune auf der Basis der demokratischen Gepflogenheiten, nicht die Bevormundung von oben. Wenn wir uns diese einfache Wahrheit nicht zu Herzen nehmen, werden wir scheitern. Und obwohl dies alles erkennbar auf der Hand liegt, war die Reaktion von politischer Seite bisher nicht die Vereinfachung, sondern der weitere Ausbau des Förderwahns. Je lauter die Kritik bei uns in Sachsen wird, desto rasanter werden weitere Programme erfunden und ins Schaufenster der Aufbaubank gestellt. 70 Prozent für dies. 60 Prozent für das. Dass die Kommunen inzwischen oft nicht mal mehr die Eigenmittel frei haben, um diese Programme dann auch abrufen zu können, ist dabei offensichtlich eine Fußnote. Wenn dann alle Jahre wieder ein Aufschrei der unterfinanzierten Städte und Gemeinden zu hören ist, bietet diese Praxis auch die Möglichkeit, öffentlich wirksam darauf zu verweisen, dass ja jede Menge Geld vorhanden wäre, das aber nicht abgerufen wurde. Warum das so ist, sagt man den Bürgerinnen und Bürgern selbstredend nicht.

Und wenn das die Beschwerdeführer immer noch nicht zum Schweigen gebracht hat, dann heißt es schlicht und ergreifend mit leicht erzieherischem Unterton: «Ihr wollt ja immer nur mehr Geld.» Es hat manchmal etwas von einem Dialog zwischen den Eltern und einem pubertierenden Kind, das mit dem Taschengeld einfach nicht auskommen kann. Was hier stattfindet, ist eine plakative Umkehr der Verantwortlichkeit. Eine Taktik, die von Machthabenden angewendet wird, um einer grundlegenden Diskussion aus dem Weg zu gehen. Es ist ein Spiel der Schuldzuweisung, das nur einen Verlierer kennt: die Demokratie.

Als ich das letzte Mal innerhalb der SPD das Thema grundsätzlich ansprach, entspann sich eine hitzige Debatte über die Warums, die angeblich begründen würden, dass eine andere Verteilung der Mittel nicht möglich wäre. Es wäre nicht ausreichend Geld vorhanden. Außerdem wisse man in Dresden nach meinem neuen Verteilungsvorschlag überhaupt nicht mehr, was die Kommunen so alles damit anstellen würden.

Und schließlich kam das Argument, dass eine weitere Pauschalisierung der sogenannten Finanzzuweisungen bedeuten würde, dass die langsam erstarkende AfD in den Kommunen so ja auch quasi zu Geld kommen würde.

Am Ende fiel dann aber der für mich entscheidende Satz: «Das ist der goldene Zügel, an dem wir euch führen.» Die Machthabenden wollen das letzte Wort haben bei all dem, was da draußen vor sich geht. Es ist ein folgenschwerer Satz, denn er beschreibt eindeutig, dass die Entscheidung über Veränderungen in diesem Land letztendlich eine gezielte Maßnahme ist. Es geht nicht um die Frage, ob ausreichend Geld vorhanden wäre, denn dies könnte man mündigen Bürgerinnen und Bürgern erklären und durch klar gesetzte und kommunizierte Prioritäten verständlich machen. Es geht um die Frage, wer am Ende das letzte Wort hat, es geht um Misstrauen und es geht um ein falsches Bild von dem, was Bürgerinnen und Bürger vor Ort und vielmehr noch deren direkt gewählte Vertreter entscheiden und leisten könnten. Eine fatale Fehleinschätzung unseres politischen Apparats. Ausgedrückt in nur einem Satz. Der im Kontext der SPD-Diskussion auch nur stellvertretend ausgesprochen wurde. Denn sämtliche politische Parteien unterscheiden sich in dieser Sichtweise offensichtlich nicht. Sonst hätte es in 30 Jahren Freistaat Sachsen irgendwann eine grundsätzliche Veränderung gegeben.

4 ANTRAGSMASCHINE STAAT

Warum übertriebene Bürokratie echte Veränderungen ausbremst

Unser Land ist gefangen. In Hierarchien und Paragraphen-labyrinthen. Ermöglichung erstickt an Regeln. Die Lust am Machen vergeht. Weil die Angst, einen Fehler zu machen, alles überlagert. Oder weil zwischen Wollen und Machen eine gigantische Antragsmaschine geschaltet ist. Der über alles wachende, alles reglementierende, steuernde Parteien-staat will stets das letzte Wort behalten. Der Staat misstraut seinen Bürgern. Der Staat unterschätzt seine Bürger. Und so unterhält er zu ihnen ein Antragsverhältnis mit Widerspruchs-klausel. Und ist verwundert, dass dieses offene Misstrauen auch Misstrauen auf der anderen Seite erzeugt. Die Wege aus diesem Dilemma heißen Vertrauen und Verantwortung. Ver-bunden mit einer rigorosen Vereinfachung der Strukturen und Prozesse. Wie heißt es so schön? Einfach können alle! Dann sollten wir das mal versuchen.

Im Dschungel der Vorschriften

Unser Land ist aus Sicht der Bürgerinnen und Bürger eine Antragsmaschine. Ihr gesamtes Leben lang beantragen sie Dinge. Wie aber kann es sein, dass das Volk als der Souverän in einer Flut von Anträgen, Bescheiden und Widersprüchen ertrinkt, während jene, denen er repräsentativ die Macht übergeben hat, stetig einen Apparat weiterentwickeln, der jegliche Beteiligung seitens der Bürgerinnen und Bürger noch komplizierter gestaltet? Und die Beteiligung des Bürgers im Alltag darauf beschränkt, gegen etwas Verfügtes Widerspruch einzulegen. Der Staat unterhält zu seinen Bürgern quasi ein Widerspruchsverhältnis.

Aus Sicht des Staates mag dies gut gedacht sein. Aber wie viele Bürgerinnen und Bürger vertreten wohl die Meinung, dass dieses Bürokratiesystem ihnen weiterhilft?

Ich selbst kenne diese Apparate. Natürlich als Bürger – aber auch in meiner Funktion als Bürgermeister. Denn all die Belange, die im Auftrag der Bürgerinnen und Bürger angegangen werden, müssen ebenfalls durch alle Instanzen der Antragsmaschine. Und das sind viele. Der Ausgang ist oft ungewiss, denn der Erfolg eines Antrags hängt, wie schon im vorigen Kapitel dargestellt, nicht nur von der Sachlage, sondern auch von persönlichen Einschätzungen aller Beteiligten ab. Und immer dann, wenn es im Ermessen der Bearbeitenden liegt, ob etwas Zustimmung erhält oder nicht. Immer dann wird es sehr, sehr schwierig.

Als Parteimitglied und hartnäckiger Grabenkämpfer für eine Generalreparatur unseres Systems türmt sich bei mir ein Berg von Arbeit auf: Dennoch frisst noch immer die Bürokratie die meiste Zeit.

In den knapp sieben Jahren, die ich diese Position von meinen Bürgerinnen und Bürgern verliehen bekommen habe, dachte ich zu jedem Jahreswechsel, ich hätte nunmehr den Tiefpunkt des demokratisch-bürokratischen Miteinanders zwischen Kommune, Land und Staat erlebt. Und jedes Jahr wieder muss ich mich korrigieren. Beziehungsstatus: Es ist kompliziert. Manchmal zum Lachen. Öfter aber rufen Entscheidungen und Prozessabläufe staunendes Schweigen bei mir hervor. Denn unsere politische Welt ist derart von Misstrauen und Kontrollzwang geprägt, dass logische, menschenverständliche Entscheidungen zur Mangelware verkommen. Diese Phänomene sind Folgen einer langwährenden, ausdefinierten Machtpolitik. Wer über das Geld verfügen kann, bestimmt. Wer bestimmt, muss kontrollieren. Machterhalt und Kontrolle sind so untrennbar miteinander verbunden.

Dabei habe ich oft das Gefühl, dass wir das eigentliche Ziel von Politik vollkommen aus den Augen verloren haben: Probleme im Sinne unserer Bürgerinnen und Bürger zu lösen.

Eine zentrale Rolle im machtpolitischen Spiel von Misstrauen und Kontrolle ist die Organisation durch einen der aufwendigsten Verwaltungsapparate, die es auf unserem Planeten gibt. Im Freistaat Sachsen wie auch in anderen Bundesländern erarbeitet er im Auftrag des hauptberuflichen Landtages, des Landeskabinetts und der Ministerien Verfügungen, Durchführungsverordnungen und Richtlinien. Alles muss seine Ordnung haben. Oder es muss eine Ordnung geschaffen werden – am besten ausdefiniert bis in die dritte Kommastelle. Hier werden Regelwerke geschaffen, die dem gesamten Land vorgeben, was zu tun und, noch viel präziser, was zu lassen ist. Regelwerke, wie beispielsweise der Landesentwicklungsplan – eine Vorschriftensammlung, die beginnend bei der Ansiedlung bestimmter Behörden und Ämter bis zum letzten Quadratmeter Einkaufsfläche definiert, was es wo und wie viel im Land geben darf.

Als ausführende Organe gibt es dann Landesdirektionen, verschiedene Landesbehörden und im ländlichen Raum noch die Landkreise, die diese Regeln umsetzen und vollstrecken. Wer etwas möchte – seien es die Stadt oder die Bürgerinnen und Bürger direkt –, muss etwas beantragen. Nach einiger Zeit kommt ein Bescheid, der mitteilt, ob das Ersuchen angenommen, abgelehnt oder nur ein bisschen angenommen oder ein bisschen abgelehnt wurde. Alles läuft weitgehend unpersönlich, versachlicht und distanziert. Und durch die Schaffung von großen Verwaltungseinheiten, wie zum Beispiel übergroßen Landkreisen, fehlt oft die Nähe, um eine Entscheidung im richtigen Kontext treffen zu können. Paragraphen obsiegen über Logik und Pragmatismus. Fingerspitzengefühl ist keine Sache großer Distanz.

Das angebotene Mittel gegen diese Kritik ist die Möglichkeit, Widerspruch gegen Entscheidungen einzulegen. Sowohl Kommunen als auch Bürgerinnen und Bürger haben das Recht, vielseitig zu begründen, warum sie Dinge anders sehen. Oft mit dem Ergebnis, dass folgende Antworten neue Details von Gesetzestexten offenbaren, die wiederum die behördliche Position bestärken. Bürgerinnen und Bürger (und immer häufiger auch die Kommunen) sind ohne juristischen Beistand oft verloren im Dschungel der Bürokratie. An dieser Frontlinie der operativen Politik zermürbt sich das Land. Ganz langsam. Aber stetig.

Unser bis ins kleinste Detail geregelter Verwaltungsapparat wird mehr und mehr zum Ärgernis. Denn die Bürgerinnen und Bürger, überfordert mit der Wahrnehmung ihrer Interessen, stehen in einer solchen Antragsschlacht oft unbewaffnet da. Vorbei sind die Zeiten, in denen in unserer Stadt geklärt wurde, was unsere Stadt direkt betrifft. Heute läuft alles ausschließlich über den instanzenreichen Dienstweg – mit Aktenzeichen und Fristenstempel. Nicht selten finden sich Bürgerinnen und Bürger mit Verfügungen und Erlassungen konfrontiert, die für sie gar nicht verständlich oder greifbar sind. Und dies geschieht, wohlgemerkt, repräsentativ in ihrem Namen! Das Prinzip der Subsidiarität, also dem Gebot, Dinge dort zu entscheiden, wo sie am besten entschieden werden können, ist außer Kraft gesetzt. Und damit gerät alles langsam aus den Fugen.

Wie weit das momentane System davon entfernt ist, den Bürgerinnen und Bürgern zu dienen, zeigt sich täglich.

Da gibt es etwa den Rentner, der an seine zu DDR-Zeiten auf eigenem Grund erbaute Finnhütte eine überdachte Terrasse anbaut. Und die er 12 Jahre später mindestens zur Hälfte abreißen muss, weil die Hütte im sogenannten Außenbereich steht, in dem man ohne spezielle Genehmigung nichts bauen darf. Die Hütte selbst war von dieser Regelung ausgenommen, da sie bereits vor Einführung dieser Richtlinie bestand. Die nachträglich angefügt Terrasse allerdings ist nach Gesetzeslage als «Nachwendebau» illegal. Selbst wenn man diese Klausel außer Acht lassen würde, sie müsste trotzdem entfernt werden, da sie nicht die inzwischen nötigen 30 Meter Abstand zum Waldrand einhält. Was wiederum erneut nur für die bundesdeutsche Terrasse gilt. Denn der DDR-Bungalow ist auch diesbezüglich unantastbar. Formaljuristisch alles korrekt – der Erbauer hat inzwischen eingelenkt. Und eingesehen, dass es ein Fehler war. Aber sind solche kleinteiligen und realitätsfernen Regelungen auch sinnvoll? Sind sie verhältnismäßig? Oder anders gefragt: Muss der Staat hier etwas bis ins Kleinste regeln, das umliegend weder jemanden stört noch Schaden zufügt?

Solche und ähnliche Entscheidungen werden täglich getroffen. Täglich werden Hunderte Anträge verschickt. Stellungnahmen hier, Beweisfotos bitte da. Die Bürgerinnen und Bürger stets in der Bringschuld.

Verstehen wir uns nicht falsch. Recht muss Recht bleiben, und viele Vorschriften sind gut und notwendig. Hier aber geht es um die Frage, ob Recht auch immer Sinn ergibt. Wenn sich Vorschriften im Detail, im Bereich der Kommastellen und damit im Banalen verselbständigen, dann muss die Frage erlaubt sein, ob das noch Recht im tieferen Sinne der Lebensrealität der Menschen ist, für die dieses entwickelt wird.

Ein Vorschriften- und Bürokratieapparat, der sich gegen die Bürgerinnen und Bürger wendet, erfüllt seine basale Funktion nicht mehr – denn schließlich sind es genau die Bürgerinnen und Bürger, die den Auftrag an die Politik vergeben haben, repräsentativ für sie zu regieren. Um es klar zu sagen: Ich bin der Ansicht, dass sich dieser Verwaltungsapparat verselbständigt hat und im Alltag zu großen Frustrationen führt, die den Graben zwischen Politik und Volk vertieft. Wäre der oben geschilderte Fall nach dem Subsidiaritätsprinzip vor Ort geklärt worden, wäre der Kommune mehr Verantwortung zugetraut worden. Und so hätte ein legitimierter Ortschaftsrat gemeinsam mit der Nachbarschaft sicher eine andere, sinnvollere Entscheidung getroffen. Leider zeigt sich die Absurdität der Bürokratie nirgendwo so deutlich, wie in unserer kleinsten Verwaltungseinheit: der Kommune.

Kommunaler Kriechgang

Wer glaubt, dass zwischen Staat und Kommune das Maß an gegenseitigem Verständnis größer wäre, der irrt. Die bürokratischen Prozesse die nötig sind, um Projekte auf dieser Ebene umzusetzen, sind ebenso langwierig und führen genauso oft zu Ärger und Unverständnis. Ich habe selbst mehrfach erlebt, dass entscheidende Personen sich persönlich von teilweise absurden Regeln des Verwaltungsapparats distanziert haben. Bevor sie diese schließlich offiziell erklärten. Ein Umstand, der uns sehr zu denken geben sollte. Denn wenn diejenigen, die unsere kollektive Vorstellung von Recht und Gesetz umzusetzen haben, persönlich nicht mehr hinter den Grundlagen ihres Systems stehen, dann ist ein Punkt erreicht, der Anpassungen fast unumgänglich macht. Nehmen wir noch jene hinzu, die inzwischen Dienst nach Vorschrift machen und die Sache an sich gar nicht mehr hinterfragen. Weil sie das Interesse verloren haben und die gesichtslosen Vorgänge als bloße Gegebenheit betrachten. Als Aufgabe, die abgearbeitet werden muss. Stückzahlenabhängig. Dann wird es richtig bitter. Viele haben mittlerweile aufgegeben, etwas ändern zu wollen, weil das interne Hinterfragen nichts als Widerspruch einbrachte. Bei uns sollten inzwischen alle, aber auch wirklich alle Alarmglocken läuten.

Beispiele für absurde bürokratische Vorgänge gibt es viele.

Lassen Sie mich berichten von einem Gartengrundstück in Erdmannsdorf, einem unserer größten Ortsteile. 8000 Quadratmeter, mitten im Ort. Gelegen im städtischen Besitz und nur noch zu Teilen in Pacht beackert, befindet es sich in der Mitte zwischen der kommunalen Kita und der Grundschule. Als wir uns in Augustusburg mit der weiteren Entwicklung der Stadt und der Frage beschäftigten, ob – und gegebenenfalls wo – wir neue Bauflächen ausweisen wollen, stießen wir genau auf dieses Fleckchen. Kurz zuvor hatten wir uns darauf verständigt, keine weitere flächenmäßige Vergrößerung der Stadt an deren Rändern vorzunehmen. Zum einen, weil wir das Interesse an den bestehenden Gebäuden erhalten wollten. Und zum anderen, weil wir die umliegende Landschaft als touristischen Gewinnbringer und als Sicherung der Lebensqualität unserer Stadt betrachten. Zudem wollen wir die Seele unserer Stadt erhalten und sind zurückhaltend, was den massenhaften Neubau, beispielsweise von Musterhaussiedlungen, angeht – denn diese bergen immer versteckte Probleme für ein Wohnquartier und dessen Entwicklung. Meist integrieren sich die Bewohnerinnen und Bewohner solcher «Anbauten» zu erheblichen Teilen nicht wirklich in das Stadtleben und bleiben in sich geschlossene Gruppen. Für die Entwicklung einer Stadtgesellschaft ist das eher kompliziert und nicht hilfreich.

Es ging also um die Bebauung eines Stücks Land mitten im Ort. Gerade groß genug, um zehn Parzellen und einen Spielplatz errichten zu können. Damit allerdings idealer Wohnraum, um junge Familien in der Stadt zu halten bzw. sie für das Leben in Augustusburg zu gewinnen. Vor diesem Hintergrund war es unser Ziel, die Grundstücke möglichst günstig anbieten zu können, damit diese Familien sich den Erwerb auch tatsächlich leisten können. Gemeinsam mit einem Planungsbüro machten wir uns ans Werk, denn ein Stück Gartenland in Bauland zu verwandeln, ist kein Selbstläufer – selbst wenn es in den Grundplanungen als Wohngebiet ausgewiesen ist.

Ein sogenannter vorhabenbezogener Bebauungsplan musste her. Ein solcher Plan regelt beispielsweise die künftige Form der Bebauung, die Parzellenzuschnitte sowie die Versorgung mit Strom, Wasser und schnellem Netz. Im Auftaktgespräch mit dem Bauamt des Landkreises verständigten wir uns darauf, dass wir hier im gegenseitigen Einvernehmen das «vereinfachte» Verfahren anwenden könnten. Das Grundstück befand sich mitten im Ort und wurde vorher als Großgarten genutzt – es handelte sich also um von Menschenhand erschaffenes, urbanes Terrain. Kein Teich. Kein Urwald. Kein Krötenparadies.

Die grundsätzliche Planung gestaltete sich sehr gradlinig. Wir legten fest, wie hoch die Häuschen sein sollten und wo genau die Bebauung auf dem Grund stattfinden soll, um das Ortsbild zu wahren. Kleine Parzellen, Bebauung ohne Bauträger. Nur so konnten wir erreichen, dass der Quadratmeterpreis so bezahlbar wäre, dass er auch für junge Familien reizvoll sein würde. Für die Stadt lag der Fokus auf der langfristigen Stadtentwicklung, nicht auf kurzfristiger Gewinnoptimierung. Trotz dieser denkbar einfachen Ausgangslage dauert das Verfahren inzwischen seit zwei Jahren an. Denn als schließlich alle Instanzen gehört waren, diese ihre Zustimmung erteilt hatten und der finale Plan im Rathaus für die Bürgerbeteiligung auslag, da meldete sich das Landratsamt noch einmal. Man wolle nun doch noch – zur Sicherheit – ein Artenschutzgutachten anfertigen lassen. Vielleicht wohnt ja doch ein schützenswertes Kleingetier zwischen den Kleingärtenhäuschen inmitten der Stadt.

Was banal klingt, warf den gesamten Zeitplan um ein weiteres Jahr nach hinten. Denn die Forderung erreichte uns im Oktober, ein entsprechendes Gutachten ist jedoch nur im Mai zu fertigen. Ganz zu schweigen von der Zeit, die Erstellung, Auswertung und Einordnung ins Verfahren kostete. Zudem mussten erneut die Versickerungswerte des Regenwassers geprüft werden. Schließlich bedeutet Bebauung Versiegelung, und das Wasser muss ja irgendwo hin. Die Monate vergingen. Monate, die Interessenten von der Liste verschwinden ließen. Und Monate auch, die den Stadthaushalt belasteten, da geplante Verkaufserlöse später kommen oder sogar ausfallen. Und weil zusätzliche Gutachten auch zusätzliches Geld kosten. Am Ende des Prozesses standen zwei Einsichten: Bauen wir ökologisch, also mit möglichst wenig Versiegelung, ist die Regenversickerung kein Problem. Und wenn dann noch an jedem Haus ein Nistkasten hängt, ist alles in Butter. Letztere Erkenntnis kostete die Stadt – also ihre Bürgerinnen und Bürger – 5000 Euro. Ob wir mit den Auflagen den angepeilten Quadratmeterpreis halten können, steht in den Sternen.

Viel wesentlicher sind allerdings die Mehrkosten durch die bürokratische Verzögerung: Jedes Bauprojekt verteuert sich im Schnitt pro Jahr um mindestens 15 Prozent. Das eigentliche Ziel unseres Vorhabens, nämlich jungen Leuten verlässlich Bauland in ihrer Heimat anzubieten, werden wir also wahrscheinlich nicht erreichen. Denn nun rutschte dieses in die Zeit des pandemiebelasteten Haushaltes der Stadt, sodass wir nun erneut schieben müssen. Die Kosten für die weitere Entwicklung des Gebietes können wir derzeit nicht stemmen. Sollte es doch noch Realität werden, dann nur mit einem erheblichen finanziellen Mehraufwand, den irgendwer ja zahlen muss.

Zeit ist also Steuergeld. Doch diese Erkenntnis hat sich auch auf Ebene der Landesbehörden nicht nachhaltig eingestellt. So erreichte mich im Dezember 2020 ein Anruf aus dem Landesamt für Straßenbau. Dies ist eine Behörde, die im Auftrag des Freistaates Sachsen und manchmal auch des Bundes, Straßensanierungsprojekte oder Straßenneubau organisiert. Eine Behörde, die jahrelang kaputtgespart worden war und die nun umsetzen sollte, was Land und Bund ihr aufgetragen hatte: mehr Straßen für mehr Bürgerglück. Bei uns geht es dabei um ein Stück Bundesstraße, das seit sage und schreibe 16 Jahren auf seine Sanierung wartet. Der Zustand einzelner Teilstücke ist so desaströs, dass etwa ein Straßenabschnitt außerorts seit ebenso langer Zeit per Wechselampel geregelt werden muss.

Bereits zu Beginn meiner Amtszeit 2013 war ich mit diesem Stück Straße in Planung konfrontiert. Damals ging es mir darum, dass dort ein Fuß- und Radweg geschaffen werden sollte. Denn die Bürgerinnen und Bürger – auch Kinder auf dem Weg zur Schule – sollten laut Plan auf der künftig nagelneuen 100 km/h-Piste entlanglaufen. Oder auf einen äußerst umwegigen, im Winter nicht geräumten Waldpfad ausweichen.

Die amtliche Antwort lautete damals: alles zumutbar. Eine Bundesstraße kann weder Fuß- noch Radweg haben. Ergebnis nach einem Jahr Gefecht unter Einbindung des Wirtschaftsministeriums: Die Straße soll nun als Tempo-50-Strecke gebaut werden. Mit einem Fuß- und Radweg, der allerdings offiziell so nicht heißen darf, aber real als solcher dienen wird. Warum das? Weil eine Bundesstraße vom Bund finanziert wird und von Amts wegen keinen Rad- oder Fußweg haben darf. Punkt. Für unsere Stadt zählte am Ende das Ergebnis. Es schien, als hätte sich in diesem Falle tatsächlich eine Lösung ergeben. Dass die Strecke aufgrund unserer Wünsche deutlich billiger werden wird, weil Tempo 100 ganz andere Voraussetzungen an die Pistenführung erfordert hätte, verkommt da zur inhaltlichen Randnotiz.

Nun sollte 2021 endlich mit dem Bau begonnen werden. Zwar zunächst innerorts, was aus unserer Sicht weniger dringlich war. Aber immerhin würde es nun endlich losgehen. Dann kam der Anruf aus der Behörde, der uns zurück in die bürokratische Realität holte. Man könne das Projekt nicht mehr wie geplant

2020, spätestens Januar 2021 ausschreiben, hieß es da. Es fehlten dafür 30 000 Euro Planungsmittel, um das Verfahren pünktlich durchzuführen. Diese Kosten seien im Landeshaushalt nicht eingeplant. Spätere Ausschreibung aber bedeutet späteren Baubeginn. Und damit ein Problem, da bestimmte Abschnitte binnen Jahresfrist realisiert werden müssen. Und wenn es später beginnt, wäre dies in der Restzeit des Jahres nicht mehr zu schaffen. Ergo müsse sich alles um ein weiteres Jahr verschieben. Ein Vier-Millionen-Euro-Projekt, seit Jahren in den Startlöchern, zum Stillstand gebracht und nochmals nach hinten geschoben. Wegen 30 000 Euro Fehlbetrag? Tatsächlich.

Ich wandte mich an das zuständige Wirtschaftsministerium, nachdem der verantwortliche Planer des Landesamtes sich bei mir gemeldet hatte, um mir die Misere der anstehenden Verschiebung mitzuteilen. Und mich zu bitten, doch noch einen Anlauf zu nehmen, das Ganze irgendwie zum Guten zu wenden. Ich hätte ja ganz gute Beziehungen zum Wirtschaftsministerium. Ich schrieb also einen Brief an den Minister, telefonierte mit dem zuständigen Referat. Lange geschah nichts. Und da sich dies tatsächlich oft nur ändert, wenn man ein wenig Druck aufbaut, sprach ich mit einem Journalisten über diese Sache. Auch er startete seine Anfragen. Und auch hier geschah zunächst erst einmal nichts.

Im Ort selbst verbreitete sich die Nachricht, dass es nunmehr erneut keinen Baubeginn geben werde, wie ein Lauffeuer. Ich hatte den Stadtrat über den aktuellen Stand informiert. Was meine Pflicht ist, denn der Verschiebebahnhof von Projekten ist keine Angelegenheit, die der Bürgermeister mal eben im Alleingang entscheidet.

Wir diskutierten die Folgen. Das Projekt hat Einfluss auf andere Straßenbaumaßnahmen, die wegen diverser Verkehrsführungsfragen ebenfalls verschoben werden müssten. Das zöge wiederum Planungsanpassung bei Kreis und Stadt nach sich. Unsere Finanzierungsanteile, die die Stadt zu leisten hat, müssten in den nächsten Haushaltsplan verschoben werden. Mal wieder. Und: Wenn alles ganz schlecht liefe, würden die Fördermittel, die wir anteilig für den Bau von Fußwegen und Straßenbeleuchtung erhalten haben, schlimmstenfalls in der Verzinsung landen. Denn sie würden für ihren geplanten Zweck nicht termingerecht ausgegeben werden. Falls eine Verlängerung der Fristen nicht positiv beschieden würde.

So wiederholte sich eine bekannte Absurdität. Wir zahlen Zinsen auf Geld, dass die Bürgerinnen und Bürger des Landes durch ihre Arbeit erwirtschaftet haben. Das uns dann per Fördermittelbescheid zugewiesen wird. Erhoben von einer Bank, der Sächsischen Aufbaubank, die eigentlich dem Freistaat und damit dessen Bürgern gehört. Am Ende müssten für die Mehrkosten auch wieder die Steuerzahlerinnen und Steuerzahler aufkommen. So erschafft man Geld aus dem Nichts.

Das Schlimmste allerdings: Die Verschiebung dieser Großbaustelle in die Zukunft wäre auch eine schlechte Wette auf deren Preis. Wie schon dargestellt, werden beinahe alle Bauprojekte zwischen Kalkulation und Ausschreibung teurer. Selbst wenn wir davon ausgehen, es würden lediglich 5 Prozent Mehrkosten entstehen, so würde dies bei dem beschriebenen Straßenbauprojekt eine Summe von 400 000 Euro ausmachen.

Genug Motivlage, auf allen Kanälen zu versuchen, dies noch abzuwenden. Im Januar 2021 schließlich – niemand rechnete ernsthaft noch damit – meldete sich der Minister. Er teilte mit, dass man die Absage noch aus der Post gefischt habe. Die Maßnahme werde nun doch noch priorisiert durchgeführt. Kurz darauf erfolgte die Ausschreibung. Hartnäckigkeit und die nicht eben selbstverständliche Unterstützung der Ministeriumsspitze hatten den drohenden Wahnsinn noch verhindern können. Ein Unding, dass angesichts der Faktenlage und der zu erwartenden Verteuerung nicht schon die eigentliche Handlungsebene von selbst dazu gekommen ist, eine Lösung zu finden.

Der gesamte Vorgang zeigt, wie nachhaltig wichtige Projekte durch unsinnige bürokratische Vorgänge und Entfernung der Entscheidenden zu Sache und Verantwortung behindert werden können. Ich konnte während vieler verzweifelter Anrufe bei den Behörden das hilflose Schulterzucken am anderen Ende des Telefons förmlich hören. Der zuständige Kollege im Landesamt konnte – ebenso wie ich – an der Sache eigentlich nichts ändern. Es oblag ihm lediglich, die Nachricht zu überbringen, nicht das Ergebnis zu hinterfragen.

Ich weiß, dass solche Schilderungen mit Sicherheit keine Fanbotschaften nach sich ziehen. Und dennoch muss ich dies berichten. Muss es hinterfragen. Denn mit dem Hinterfragen der Systeme, die solche absurden Ergebnisse hervorbringen, sollten wir schleunigst anfangen. Und dies nicht nur am Fall, sondern ganz konkret im Ganzen. Wo ist es hin, das pragmatische, konsequent durchdachte Handeln? Was ist passiert? Wir leben in einem Land, dessen Politik und System von seinen Bürgerinnen und Bürgern immer weniger verstanden wird. Wir werden durch einen Apparat verwaltet, der kaum noch verständlich und bedienbar ist. Der überwiegende Teil der Bürgerinnen und Bürger kann ihr Land nicht mehr bedienen. Jedes neue technische Endgerät mit einem solchen Ranking wäre aus dem Stand ein Ladenhüter. Und würde irgendwann vom Markt verschwinden. Mit Systemen verhält es sich nicht anders. Das sollten wir nicht vergessen. Denn nirgendwo steht geschrieben, dass der friedliche Zusammenhalt, dass die Demokratie in diesem Land unzerstörbar wären. Die sich verselbständigende Behördenmaschine ist zweifelsohne einer der Treiber der schleichenden Abkehr der Bürgerinnen und Bürger von ihrem Staat.

Wenn wir also die Geschichte nicht wiederholen wollen, brauchen wir echte Lösungsansätze, keine halbherzigen Ausreden.

Parallele DDR – gefühlt wieder da

Auch die DDR verschwand, weil sie für die Bürgerinnen und Bürger nicht mehr verständlich und kaum noch bedienbar war. Und weil sie die Bürger ebenfalls nicht verstehen wollte. Ich schreibe bewusst «wollte» und nicht «konnte». Dieses Land konnte nämlich sehr wohl verstehen. Denn jeder und jede Einzelne im Getriebe des Arbeiter-und-Bauern-Staates hatte eine Ahnung, dass dieses System so nicht funktionieren konnte. Selbst ich als damals 17-Jähriger hatte begriffen, dass etwas im Land grundsätzlich nicht stimmte. Wenn in der Zeitung die 400-prozentige Planübererfüllung der Landwirtschaftlichen Produktionsgenossenschaft «Rote Rübe» in Keineahnungwo zum x-ten Mal gefeiert wurde. Und es am Ende im Gemüseladen außer Weißkohl und Möhren dann doch kaum etwas zu kaufen gab. Die Reaktionen in der Gesellschaft ähneln denen, die wir heute in der Bundesrepublik beobachten können. Da waren die, die versuchten das System zu ändern. Die Idealisten, die tatsächlich von der Machbarkeit eines Kurswechsels überzeugt waren. Dann gab es diejenigen, die sich für ihr Handeln zu entschuldigen suchten, bevor sie dann doch vollstreckten. Und da waren jene, denen das alles gleichgültig war oder die im heimlichen

Opportunismus handelten, weil ihnen der Mut zu mehr versagt blieb. Die Parallelen sind eindeutig und offenkundig.

Auch wenn Meinungsfreiheit und soziale Netzwerke nun dafür sorgen, dass potenziell alles zum Eklat aufsteigen kann, was die Volksseele berührt. In der Wahrnehmung vieler Menschen – besonders im Osten – gibt es viele Parallelen zwischen der heutigen und der damaligen Situation. Und auch wenn man eindeutig und unbestreitbar feststellen muss, dass die DDR im Gegensatz zum Heute und Jetzt tatsächlich im Charakter ein Unrechtsstaat war: Weil das System an sich sein Heil darin suchte, Gegner mittels einer Staatsjustiz mundtot zu machen. Andersdenkende einsperrte und teils gegen ihren Willen an den Westen verschacherte. Heute nicht im Ansatz denkbar. Für die Menschen aber ist dies inzwischen weit weg. Sie fühlen sich damals wie heute fremdbestimmt von einem System, das in sich geschlossen zu sein scheint. Und dies muss man ihnen auch zugestehen. Bevor man urteilt. Das wäre eine Differenzierung der Dinge, die so nötig ist, um einander zu verstehen.

Und im Ausbleiben derselben sehe ich einen der wesentlichen Treiber hinter Bewegungen wie der AfD, der Querdenker oder des Dritten Weges. Es sind nicht Inhalte. Es ist der kleinste gemeinsame Nenner für Wut und Unverständnis. Und den Wunsch nach Veränderung. Eigentlich will der breite Unterstützerkreis des sogenannten Widerstandes keine Revolution. Sie wollen Gehör. Sie wollen gesehen werden. Und sie wollen ein Land, das auch sie und ihre Belange beachtet. Während die Höckes und Gaulands dieser Welt alles versprechend auf dieser Welle schwimmen, um selbst Macht zu erlangen. Revolution ist etwas anderes.

Waren es zu DDR-Zeiten eher Themen der Mangelwirtschaft, so hat sich der Fokus nun auf andere Felder verschoben. Die täglich erfahrene Ungleichheit, eine immer komplexer werdende

Welt und falsch suggerierte Möglichkeiten von Freiheit und Partizipation bewegen die Menschen nun. 30 Jahre sind vergangen, und von Gleichheit sind wir noch immer weit entfernt.

So absurd es klingen mag. Auch heute geht es wie in der Wendezeit in gewisser Weise um Freiheit. Was damals den Mauerfall, also die Freiheit der Reise meinte, kehrt nun wieder als der Ruf nach Freiheit von etwas. Es ist eine negative Freiheit, die nun das Ziel bildet und für viele Menschen den gemeinsamen Nenner für das Widerstandsmotiv liefert. Die Freiheit von staatlicher Intervention zum Beispiel. Die Freiheit von Fremdbestimmung und unverständlicher Politik. Freiheit aber insbesondere von einer Ordnung, die man nicht mehr als die eigene ansieht und empfindet. Frei ist, wer selbst entscheidet. Frei ist aber auch, wer sich so fühlt.

Wenn diese Analyse zutrifft, dann wird es allerhöchste Zeit, alles anders zu machen. Verwaltung und Kommunen dürfen nicht länger ausschließlich Erfüllungsgehilfen des hierarchischen Staates sein. Oder als solche gesehen werden. Wir, die wir in jeder Ortschaft unserer Stadt einen gewählten Rat haben. Wir, die über allem noch einen gewählten Stadtrat haben. Wir, die beinahe jede relevante Entscheidung offen mit den Bürgerinnen und Bürgern diskutieren. Wir müssen endlich diese Gremien wieder zu dem machen, was sie sind: ein Instrument, um in der kleinsten Zelle der Demokratie Entscheidungen zu treffen! Gebt die Macht zurück in die Kommune. An die Räte, die zusammen mit den Verwaltungen die Geschicke lenken. Nun werden viele sagen: Hoppla, was machen denn Gemeinde- und Stadträte sonst? Stimmt. Sie entscheiden. Nur muss man hier genau hinsehen, wo man sich befindet und was genau beschieden werden kann. Denn da gibt es in unserem Land große Unterschiede.

Die Ohnmacht der Kommunen

Wie schaffen wir nun die Kehrtwende in Sachen Verwaltungsapparat? Wie können wir erreichen, dass das System für die
Bürgerinnen und Bürger arbeitet und nicht gegen sie? Wie
wird unsere Demokratie wieder nutzbar und lebendig? Mein
Lösungsansatz hierfür lautet: Lasst uns den Kommunen wieder
mehr Verantwortung übertragen! Diese kleinsten Zellen der
Demokratie müssen wieder für ihre eigenen Belange entschei-
dungsfähig werden.

Auch wenn teilweise in der Theorie schon Ansätze für mehr
kommunale Eigenverantwortung bestehen, so scheitern diese
doch häufig an der Praxis. Nehmen wir eine große Stadt, die
keinem Landkreis angehört. Hier läuft einiges anders als im
ländlichen Raum. Hier haben Räte zumindest theoretisch auf
beinahe alle Belange der Bürgerinnen und Bürger ziemlich
direkten Zugriff, denn: Alle Amtsstrukturen gehören direkt zur
Stadt. Somit sind sie vom Stadtrat adressierbar und theoretisch
diesem auch rechenschaftspflichtig. So weit, so gut.

Im Alltag ist es trotzdem schwierig, sich hierarchischen und
überkomplizierten Verwaltungsstrukturen zu entziehen. Verwaltungen in großen Städten haben nämlich ebenso ein Eigen-
leben entwickelt. Auch hier manifestieren sich Dynamiken, die
von einem außenstehenden, ehrenamtlich tätigen Rat nur sehr
bedingt zu kontrollieren sind. Die Stadt Chemnitz zum Beispiel
hat in 27 Amtsbereichen 4500 Mitarbeiterinnen und Mitarbeiter.
In Leipzig sind es 7600. Spricht man hier mit Stadträten gerade
kleinerer Gruppierungen, dann berichten diese nicht selten
von unklaren oder ausweichenden Antworten der Verwaltung
auf ihre Anfragen. Manches wird gar nicht beantwortet oder

von der Verwaltung direkt mit Hinweis auf ein Gewirr aus Vorschriften abgelehnt.

Hierzu eine kleine Anekdote: Im Januar 2019 fragte ein Stadtrat bei der Stadtverwaltung Chemnitz an, wie der oder die Datenschutzbeauftragte der Stadt Chemnitz heiße und wie dieser telefonisch erreichbar sei. Zudem folgten Fragen nach derselben Position bei einigen städtischen Unternehmen und nach den Ausbildungsverhältnissen der entsprechenden Personen. Die Antwort der Stadtverwaltung erfolgte mit Verweis auf den § 28 der Sächsischen Gemeindeordnung in Verbindung mit § 4 der Geschäftsordnung des Stadtrates. Demnach sei es nur zulässig, Fragen zu einzelnen Sachverhalten zu stellen. Da es sich hier um eine unzulässige Vielzahl von Nachfragen zu verschiedenen Inhalten handele, werde die Anfrage abgelehnt. Ähnlich verhielt es sich mit der Nachfrage, wie sich die Kennzahlen des ÖPNV der Stadt entwickelt hätten und wie sich diese im Vergleich mit der Stadt Dresden verhielten. Der gleiche Verweis auf Paragraphen. Die gleiche Antwort. Die gleiche Ablehnung. Wie schwierig und frustrierend solche bürokratischen Machtspielchen den Job von Stadträtinnen und Stadträten machen, muss ich nicht gesondert ausführen.

Noch schwieriger wird es in kleinen, zu Landkreisen gehörenden Kommunen. Hier können Bürgerinnen und Bürger theoretisch noch viel direkter auf alle Vorgänge zugreifen. Sie kennen in der Regel mindestens eine Stadträtin oder einen Stadtrat und können alle Ansprechpersonen der Stadt sehr direkt und schnell erreichen. Einfluss zu nehmen und sich an den Vorgängen zu beteiligen, wäre hier sehr einfach. Doch für viele Fragen und Sorgen können hier nur ein offenes Ohr und ein wenig Unterstützung geboten werden. Mehr ist oft nicht möglich, denn im kreisangehörigen Raum lebt man in einem streng geteilten Machtbereich. Viele Entscheidungshoheiten sind von den Kommunen an die Landkreise delegiert worden. Ziel dieses Vorgehens war es ursprünglich, kleine Städte und Dörfer zu entlasten. Sie sollten Personal und Geld sparen können, indem sie Aufgaben an die Kreise abgaben, die diese dort gebündelt abarbeiten sollten. Demselben Kostendruck fielen viele hauptamtliche Bürgermeisterstellen zum Opfer, die irgendwann nur noch ehrenamtlich eingesetzt werden konnten. Die Ursache war in der sinkenden Bevölkerungsdichte auf dem Land zu suchen. Gerade im Osten nahm dieses strukturelle Problem nach der Wende dramatische Ausmaße an. Die einzige Antwort unseres Systems: ein rigoroser Sparkurs.

Obwohl diese Änderungen sicher mit den besten Intentionen beschlossen wurden – die Überlegung ging nicht auf. Die Landkreise brauchen stetig neues Personal, und sinkende Kosten sind die absolute Ausnahme. Daran änderten auch die über Jahrzehnte dauerhaft immer wieder forcierten Kreisgebietsreformen im Kern nichts. Die einzelnen Kreise wurden zu noch größeren Machtbereichen zusammengefasst, die für die Bürgerinnen und Bürger noch weniger greifbar und begreifbar wurden. Und auch diese Bemühungen sorgten nicht für sinkenden Personalbedarf. Denn zum einen stieg und steigt die Komplexität stetig, und zum anderen hat sich die Kurve des Bevölkerungsverlustes abgeflacht.

So gab es nach der Verschiebung der Zuständigkeit nach oben nicht weniger, sondern sogar mehr Verwaltungsaufgaben – die geplanten Einsparungen wurden verfehlt. Doch der Kurs ist eingeschlagen. Und so sorgt er dafür, dass viele Entscheidungen nun in immer größerer Distanz – räumlich und personell – vom eigentlichen Geschehen getroffen werden. In vielerlei Hinsicht hat das Vorgänge verkompliziert und nicht vereinfacht. Vor allem wenn es um komplexe Sachverhalte geht. So wanderte unter anderem die Entscheidungsgewalt zu Baufragen zum Landkreis. Auf den ersten Blick eine Vereinfachung: braucht doch die Kommune kein eigenes Amt mehr dafür. Doch das ist ein Fehlschluss. Wir als Stadt führen selbst in nicht unerheblichem Umfang Bauvorhaben durch, die gesteuert und fachlich umgesetzt werden müssen. Zudem wird der Bürger, der einen Carport errichten möchte, auch weiterhin zuerst bei der Stadtverwaltung nachfragen, weil er vermutet, dass dies die Stelle sein muss, die über ein solches Vorhaben entscheidet. Oder weil er in der Komplexität von Zuständigkeiten, Bauordnungen und -vorschriften selbst nicht mehr durchblickt.

Um diesen Auskunftsservice in Augustusburg bewältigen zu können, sind zwei Mitarbeiterinnen eingesetzt. Wir haben also de facto ein Bauamt. Somit wäre unsere Kommune aus jetziger Sicht auch in der Lage, Bauanträge zu bescheiden. Zumal wir bei jedem Baugenehmigungsverfahren als Stadt um eine Stellungnahme gebeten werden. (Dass diese Einschätzung oft keine Rolle spielt, ist für den Punkt des Bürokratieaufwandes zweitrangig.)

Die Kreisverwaltung finanziert sich natürlich auch nicht aus eigenen Mitteln. Für alle übertragenen Aufgaben und dafür, dass sie zentrale Dienste erledigt, bekommt der Kreis vom Land und den Kommunen Geld. Insgesamt zahlt unsere Stadt wie jede kreisangehörige Kommune jedes Jahr eine sogenannte Kreisumlage, deren Höhe vom Kreistag festgelegt wird. Rund 30 Prozent der Gesamteinnahmen von Kommunen werden derzeit in Sachsen als Berechnungsgrundlage genutzt. Für meine Stadt Augustusburg ergibt sich eine Summe von rund 1,3 Millionen Euro, die wir jährlich überweisen. Tendenz steigend.

Eine Entwicklung, die zu denken geben sollte. Denn erstens möchte ich die Frage in den Raum stellen, ob man mit einer solchen Summe die delegierten Aufgaben im Kern nicht selbst erledigen könnte. Zweitens möchte ich das Argument stark machen, dass es gesellschaftlich sinnvoller wäre, die Entscheidungsmacht wieder an die Kommunen zurückzugeben. Und drittens habe ich die Gewissheit, dass eine rein wirtschaftliche Betrachtung des Miteinanders auf Dauer falsch ist.

Was banal klingt, beschreibt eine ernste Gefahr, die dem bisherigen Procedere innewohnt. Eine Gefahr, die unsere Demokratie als Ganzes bedroht. Ich spreche von einem Gefühl, das ich Entheimatung nenne. Eine sehr negative Emotion, die sich aus Anonymität, Distanz und Fremdbestimmtheit zusammenbaut. Wenn Menschen das Gefühl haben, ihre Heimat zu verlieren, dann hat das auch etwas damit zu tun, wie in ihren kommunalen Kontexten Entscheidungen getroffen werden. Treffen wir hier vor Ort Entscheidungen, dann werden diese hier erklärt, hier vertreten und schon deshalb eher akzeptiert. Kommen diese beispielsweise aus dem weit entfernten Kreis-Bauamt und werden von weitgehend anonymen Sachbearbeitern getroffen, dann sorgen sie für Diskussionen. Meist für solche, die keinen guten Ausgang finden. Durch Verlagerung der Entscheidungsmacht auf höhere staatliche Stellen wird den Bürgerinnen und Bürgern suggeriert, dass die von ihnen im Ort gewählten Vertreterinnen und Vertreter in den Räten nur selten wirklich entscheiden, ohne noch irgendeine Ebene mit einbinden bzw. anfragen zu müssen. Und wenn dieser Vorgang dann nicht zum gewünschten Ergebnis führt, wenn man also im Kreis oder schließlich im fernen Dresden umsonst nach einer Lösung oder um Hilfe fragt, dann verlieren auch die gewählten Vertreterinnen und Vertreter vor Ort das Gesicht. Das alles schreit den Bürgerinnen und Bürgern entgegen: Ihr habt nichts zu sagen.

Die Ohnmacht, keinen Einfluss auf das eigene Schicksal nehmen zu können. Sie kommt auch hierher. Diese Ohnmacht bemerke ich nicht nur bei den Bürgerinnen und Bürgern. Auch engagierte Ratsmitglieder resignieren – mehr und mehr legen ihre Ämter nach der ablaufenden Legislaturperiode nieder. Ich selbst habe zur letzten Kommunalwahl mehrere Stadträte verabschieden müssen, weil sie das stetige Ringen um Anerkennung im politischen System nicht mehr mitmachen wollten.

Lassen Sie es mich deutlich sagen: Wenn solche Menschen aufgeben, dann sollte uns das als ernsthafte Warnung gelten. Denn dies sind die Menschen, die sich für unsere Demokratie engagieren, die mitmachen und gestalten wollen. Wenn selbst sie hinwerfen, dann ist das ein klar negatives Signal an die Wählerinnen und Wähler.

 ## Denkanstöße zur Rettung unseres Verwaltungsapparates

Wir können die Trendwende für unsere Demokratie noch einleiten. Um das zu schaffen, müssen wir grundlegend über unseren Verwaltungsapparat und das bürokratische System nachdenken. Hier einige Denkanstöße aus dem vorangegangenen Kapitel:

- Übertriebene Bürokratie schadet unserer Demokratie: Regeln und Vorschriften sind oft sinnvoll, aber sie sollten immer für die Bürgerinnen und Bürger arbeiten und nicht gegen sie. Wir sollten diese überprüfen und im Zweifel aufheben. Zudem sollten Verordnungen und Gesetze Laufzeiten bekommen, nach denen sie geprüft, verlängert oder automatisch aufgehoben werden.

- Raus aus dem Dschungel der Vorschriften: Ein Verwaltungssystem offenbart seine Schwächen, wenn es zu komplex ist, um von seinen Bürgerinnen und Bürgern noch verstanden und benutzt zu werden. Wir brauchen klare, einfache Strukturen, um wieder verständlich bedienbar und als Dienstleister für den Bürger fungieren zu können.

- Langwierige bürokratische Vorgänge sind nicht nur wenig sachdienlich, sondern auch unwirtschaftlich: Überlange Antragswartezeiten gefährden Projekte (etwa im Baubereich) durch stetig steigende Kosten. Wir brauchen einen neuen Pragmatismus, weniger Förderbürokratie und mehr Vertrauen!

- Die Verlagerung des Verwaltungsapparates nach oben bringt mehr Ärger als Nutzen: Die Delegierung von Entscheidungsmacht nach oben sorgt weder für weniger Personalbedarf noch für den gewünschten Spareffekt. Wir müssen diesen Trend stoppen und die Verschiebungen der Macht rückgängig machen.

- Selbstbestimmte Kommunen sorgen für pragmatische und bürgernahe Entscheidungen: Wenn wir Entscheidungen vor Ort treffen, treffen wir Entscheidungen für und mit unseren Bürgerinnen und Bürgern. Das ist unsere beste Chance, unser System wieder menschlich, nachvollziehbar und gerecht zu gestalten.

Wenn wir Menschen davon überzeugen wollen, dass Demokratie und Freiheit nicht nur schöne Worte sind, müssen wir die kommunale Ebene stärken und die Zahl der Fernentscheidungen auf das Notwendige begrenzen. Was vor Ort entschieden werden kann, sollte vor Ort entschieden werden. Wir müssen die gewählten und bekannten Gesichter wieder zu Hauptansprechpersonen werden lassen. Wir müssen die emotionale Intelligenz lokaler Entscheidungen wieder nutzen und vor allem: Wir müssen die Bürger in die Entscheidungen nicht nur einbinden. Wir müssen diese zu deren eigener Sache machen. Wie aber können wir das erreichen?

Nun, wir müssen Fragen stellen. Auch unangenehme Fragen. Und wir müssen streiten lernen. Streiten im klassischen, positiven Sinne. Denn wir haben ein Mandat der Bürgerinnen und Bürger umzusetzen. Diese erwarten zu Recht von uns, dass wir den Staat so gestalten, dass sie und ihre Interessen im Mittelpunkt stehen. Und wir müssen ergebnisoffen streiten. Um wirklich vorankommen zu können. Brauchen wir zum Beispiel all diese Entscheidungsebenen? Brauchen wir Landkreise, so wie sie derzeit funktionieren?

Ich denke nicht. Jedenfalls nicht so, wie diese derzeit gestrickt sind. Denn so befinden wir uns wieder auf den Weg in die Kleinstaaterei. Landkreise stellen unterhalb der Landesregierung inzwischen mächtige, politische Einflussbereiche dar. Sie vertreten eigene politische Positionen und verfolgen eigene Ziele. Sie bestimmen, wo welcher Bus fährt. Welche Jugendarbeit finanziert wird und wo Entwicklungsschwerpunkte ganzer Regionen liegen. Sie sind es auch, die sich in vielen Fragen selbst dem Land verweigern können, wenn sie es für richtig halten. Sie berufen sich dabei auf Hunderttausende Einwohnerinnen und Einwohner, die aber doch eigentlich auch jeweils in ihrer

Kommune zu Hause sind. Und diese Landkreisvertretungen sind es auch, die in Marathonsitzungen die Belange der Kommunen durch den Kreistag bringen – oder eben auch nicht. Im Schutz politischer Mehrheiten ist hier kaum Widerspruch für die eigene Agenda zu fürchten.

Und auch hier – ähnlich wie bei den kreisfreien Städten mit ihren großen Verwaltungen – ist es die schiere Größe, die ganz automatisch Einfluss beschränkt. Denkbar die Frage, ob man diese Gebilde eigentlich noch braucht. Wenn Macht und Arroganz Hand in Hand gehen. Eine offene und diskussionsfreudige Politik zu gestalten, ist trotzdem nicht undenkbar. Machtfülle freiwillig zu begrenzen, auch nicht. Beides sind Fragen einer politischen Kultur und der Besinnung auf das Mandat, das man erhalten hat. Und darauf, dass dieses nur geliehen ist.

5 BÜRGER UND STADT

Wie ein Team funktioniert

Es ist möglich, Dinge in unserer Demokratie grundlegend anders anzugehen. Wenn man es will. Das haben wir in Augustusburg gezeigt und bewiesen. Dabei haben wir nicht einmal Neues erfunden, sondern schlicht und ergreifend versucht, miteinander so viel wie möglich auch möglich zu machen. Und Dinge so zu tun, wie sie eigentlich getan werden sollten. Es sollte uns zu denken geben, dass diese simple Handlungsweise immer wieder für Interesse und Erstaunen sorgt. Augustusburg wurde ebenso unverständlich wie überzogen zu einer Art Modellkommune stilisiert. Dabei tun wir hier eigentlich nur Naheliegendes. Basierend auf dem Glauben, dass Bürgerschaft und Kommune nur gemeinsam wirklich vorwärtskommen können. Und mit der Gewissheit im Kopf, dass Bürgerinnen und Bürger beteiligt sein wollen. Und wenn die Bereitschaft zum persönlichen Engagement fehlt oder Beteiligung schlicht ausbleibt, dann hat dies Ursachen, denen man nachgehen muss.

Wir haben seit 2013 verschiedene Modelle erfolgreich angewandt, um das Miteinander zwischen den Bürgerinnen und Bürgern und der Kommune zu beflügeln. Doch im Großen und Ganzen wurden die bestaunten Experimente zwar ausgezeichnet, mit Prämien dotiert und herumgereicht. Leider konnten unsere Maßnahmen jedoch kaum nachhaltige Wirkung entfalten, weil sie immer nur als Pilotprojekte angelegt waren. Grundsätzliche Änderungen sind durch solche kurzfristigen Impulse nicht zu erwarten.

Die Zahl der Besuche von Ministerinnen und Ministern bei uns im sächsischen Outback stieg in der Folge rapide an. Ebenso die Zahl der Medienbesuche, die kamerabewehrt den Bürgermeister inzwischen in allen erdenklichen Posen über den Marktplatz schickten. Vom MDR über die ARD und das ZDF haben alle überregional in unsere kleine Stadt geblickt. Beinahe jeder Bericht feierte die Einbindung der Bürgerinnen und Bürger in die Stadtpolitik, als handele es sich um die Landung Außerirdischer im Kleinstadtkosmos.

Die Art der Berichterstattung zeigt auf, wie absurd weit wir vom Ideal entfernt sind. Ein Ideal, dass wir hier in Augustusburg denkbar einfach formulieren: Wir möchten gemeinsam mit den Menschen vor Ort ein Zuhause entwickeln. Ein Stück Heimat, auf das die Menschen stolz sein dürfen. Weil sie es mitgestaltet haben.

Nicht nur reden, sondern zuhören

Als ich im Oktober 2013 mein Amt antrat, hatte ich bereits zuvor eine tiefgreifende Erfahrung machen dürfen. In meinem Wahlkampf, der eigentlich kein Wahlkampf, sondern eher eine Art Wanderschaft durch die Ortsteile war, lernte ich schnell, dass ein Angebot zum Gespräch allein nicht reicht. Jede Person, die schon einmal einen Wahlkampf mitgemacht hat, wird sich an die Momente erinnern, in denen man – mit mäßigem Erfolg – in der Fußgängerzone versucht, Flyer zu verteilen und Menschen in Gespräche zu verwickeln. Damals war ich neu im Geschäft und ziemlich schnell wich mein Enthusiasmus der Entmutigung.

Nein. Wer mit den Bürgerinnen und Bürgern ins Gespräch kommen will, der muss sich das Recht darauf in gewisser Weise verdienen. Ich lief durch die Ortschaften und blieb am Gartenzaun stehen, wann immer ich dahinter jemanden im Garten ackern sah. «Hallo, mein Name ist Dirk Neubauer. Ich möchte gerne Bürgermeister werden.» Die Reaktionen waren überwiegend verhalten freundlich. Wenn aber dann tatsächlich ein Gespräch zustande kam, dann nicht so, wie ich mir dieses vielleicht vorgestellt hatte. Es war nämlich nicht ich, der den Menschen erklärte, warum ich antrat und was meine Ideen für die Stadt seien. Nein. Die Leute erklärten mir, was sie in der Stadt erwarteten. Sie sprachen fast einhellig davon, dass in all den Jahren kaum jemand mit ihnen geredet hätte, sie wirklich nach ihrer Meinung gefragt hätte. Sie berichteten mir, dass sie nicht wüssten, was in der Stadt eigentlich los sei und dass sie nicht verstünden, warum dieses oder jenes nicht funktionierte.

Der Gesprächsstau war atemberaubend. Das Ausmaß an

Hilflosigkeit ebenso. Denn in beinahe jedem Gespräch gab es mindestens einen konkret beschriebenen Missstand, den es zu beheben galt. Oft ging es um Dinge, die schon seit Jahren vernachlässigt wurden. Das von politischer Seite eines dieser Probleme schon angepackt worden war, stellte die absolute Ausnahme dar – und selbst wenn es auf der Agenda aufgetaucht war, hatten sich die Bemühungen schnell im Treibsand des Systems verlaufen. Sehr häufig zuckten meine Gesprächspartnerinnen und -partner an dieser Stelle ihrer Erzählung hilflos mit den Schultern. Denn auf meine Nachfrage, was die Bürgerinnen und Bürger denn unternommen hätten, um sich politisch einzubringen, folgte oft eine Erzählung von Hilflosigkeit und Resignation. Vielen fehlte schlicht das Wissen, wie manches anzugehen wäre. Andere waren inzwischen komplett demotiviert. Einige berichteten allerdings auch von frustrierenden Antwortbriefen seitens der Stadt, die sich mehr als Verteidigungsschriften lasen denn als wirkliche Lösungsansätze.

So wurde einem Bürger etwa zurückgemeldet, dass die bemängelte kaputte Straße vor der Tür nicht der Kommune, sondern dem Kreis gehöre und man demnach weder verantwortlich noch zuständig sei. Mit freundlichen Grüßen, Ihre Stadtverwaltung. Die am häufigsten berichtete Reaktion bestand aber in einem «Vielen Dank, das nehmen wir gerne als Impuls mit». Meist endete der Prozess an dieser Stelle – man hatte signalisiert, sich zu kümmern, aber weiter passierte nichts.

Es gab also viel zu tun im Miteinander zwischen Bürgerschaft und Stadt. Wer sich auf dieser Ebene mit der Materie beschäftigt, der ahnt, wie groß die Missverständnisse erst werden, wenn es um das Verhältnis Bürgerschaft – Land oder Bürgerschaft – Staat geht. Doch hier ging es zunächst darum, das Miteinander in der kleinsten demokratischen Einheit zu gestalten und verloren-gegangenes Vertrauen zurückzugewinnen. Vertrauen ist ein flüchtiges Gut. Man muss es sich hart erarbeiten und kann es mit einem Schlag wieder verlieren.

In meinem Wahlkampf in Augustusburg habe ich deutlich gespürt, wie viel hier verloren worden war. Transparenz, Kontinuität, Verbindlichkeit und Klarheit in den Entscheidungen mussten her, um einen neuen Anlauf zu nehmen. Und der erste Schritt musste dabei sein, eine Kommunikation zu organisieren. Und zwar so, dass man nicht nur redete, sondern einander zuhörte. Nur so kann am Ende des Prozesses auch tatsächlich ein Ergebnis erreicht werden, über das im nächsten Schritt unbedingt transparent informiert werden muss. Denn selbst wenn keine Lösung im Sinne der beteiligten Bürgerinnen und Bürger gefunden werden konnte, dann sollte zumindest eine klare und ehrliche Antwort an sie gegeben werden, warum das nicht möglich gewesen war. Was simpel klingt, stellte (und stellt auch heute noch) eine echte Herausforderung dar. Und schnell war klar, dass sich dies nicht so ohne Weiteres bewerkstelligen ließ. Es gab keine Kommunikationskanäle, die funktionierten – die Strukturen für eine effektive Bürgerbeteiligung mussten komplett neu geschaffen werden.

Im Dienst der Bürgerinnen und Bürger

Nachdem die Bürgerinnen und Bürger mir bei der Bürgermeisterwahl das Vertrauen ausgesprochen hatten, wurde mir bei Antritt des Mandats schnell klar: Die Stadtverwaltung – Ausnahmen bestätigen die Regel – war nicht auf bürgerzentrierte Dienstleistungen dieser Art ausgerichtet. Die politischen Strukturen machen eine sinnvolle, vertrauensvolle Zusammenarbeit sehr schwierig.

Es war ein langer Weg, den wir in Augustusburg zu gehen hatten. Unsere Stadt, die aus fünf Ortsteilen besteht, verfügt über vier sogenannte Ortschaftsräte. Vier deshalb, weil einer für zwei Ortsteile zuständig ist, die früher mal jeweils eigenständig waren. Diese Räte sind gewählte Vertretungen der eigenen Ortschaften, die laut Sächsischer Gemeindeordnung aber keine rechtlich bindenden Beschlüsse fassen dürfen. Der Stadtrat hat hier stets das letzte Wort. So ist es festgelegt. Das ist natürlich keine gute Grundlage, um den Bürgerinnen und Bürgern zu signalisieren: «Eure Beteiligung ist gewünscht, wir haben ein offenes Ohr für euch.» Erschwerend kam hinzu, dass der Stadtrat in Augustusburg beheimatet ist – jenem Ortsteil, der damals die Eingemeindung aller Ortsteile betrieben hatte. Dies war zwar schon Jahrzehnte her, das Misstrauen aber saß noch tief. Und der Umstand, als eingemeindeter Ortsteil seither ein Dasein als weitgehend stimmloser Appendix fristen zu müssen. Mit einem eigenen Budget von einem Euro pro Bewohnerin bzw. Bewohner. Keine gute Grundlage für ein gutes Miteinander.

Mir wurde schnell klar, dass sich an diesem Gegeneinander grundlegend etwas ändern musste, ich musste mir das Vertrauen der Ortsteile und der Bürgerinnen und Bürger verdienen. Ich drehte meine ersten Runden mit den Vertreterinnen und Vertretern der Ortschaften und ließ mir erklären, wie nach deren Meinung bisher bei der Entscheidungsfindung in der Stadt vorgegangen worden war. Unterm Strich die ernüchternde Erkenntnis: Bliebe es so wie bisher, hätten wir diese Gremien auch auflösen können, denn sie spielten de facto keine nennenswerte Rolle. Denn über ein unverbindliches Wünschdirwas kam die Zusammenarbeit mit der Stadt zumeist nicht hinaus.

In einer der ersten Besprechungen mit den Spitzen der Parteien und Gruppierungen im Stadtrat setzte ich das Thema auf die Tagesordnung. Ich stellte den Rat vor zwei Alternativen:

1) Die Ortschaftsräte zu stärken, um ihnen Bedeutung zu geben und sie in den Ortsteilen auch als Entscheidungsträger und Interessenvertretung erkennbar werden zu lassen.

2) Diese Gremien tatsächlich abzuschaffen, um im Gegenzug bei der anstehenden Kommunalwahl den Stadtrat um zwei Sitze zu erweitern. Und damit das Signal an die Ortsteile zu senden: Wenn ihr vertreten werden möchtet, dann wählt eine Vertreterin oder einen Vertreter aus dem Ort in den Stadtrat.

Letzteres war eigentlich eher Provokation als Lösungsvorschlag, aber so kam die Diskussion in Gang. Und schließlich fanden wir eine gute Lösung. Wir legten fest, dass Entscheidungen, die nur jeweils eine Ortschaft betreffen, von dem verantwortlichen Ortschaftsrat eigenverantwortlich getroffen werden. Der Stadtrat schließt sich diesem Votum freiwillig an. Einzige Ausnahme: Die so gefassten Beschlüsse wären rechtlich nicht haltbar oder aus anderen, objektiven Gründen nicht umzusetzen. So glichen wir die schwache Position dieser Gremien aus, die doch eigentlich den Bürgerinnen und Bürgern am nächsten stehen. Natürlich wurde durch diese Regelung auch die eine oder andere nachfolgende Debatte komplizierter und anstrengender. Denn die Rückgabe der Verantwortung wurde angenommen, und das damit verbundene Selbstbewusstsein der Ortschaftsräte wuchs. Das Engagement in den Ortsteilen jedoch ebenso. Man hatte jetzt wieder eine Stimme, die gehört wurde.

Nicht alle Anregungen konnten umgesetzt werden, weil auch bei schönstem Einvernehmen Mittel endlich und Möglichkeiten begrenzt sind. Aber diese Stimme brachte einiges in Bewegung, und sie sorgte dafür, dass Probleme nicht so einfach wegsacken konnten. Diese neue Relevanz der Ortschaftsräte sorgte dafür, dass das Mandat der Bewohnerinnen und Bewohner auch endlich wirklich ausgeübt wurde.

Der resultierende «Druck von unten» wurde schnell auch im Rathaus spürbar. Es war die veränderte Erwartungshaltung der Bürgerinnen und Bürger, die hier als Erstes auffiel. Nach Jahren des Hinnehmens wurden nun Wünsche geäußert und Probleme angesprochen. Und man erwartete tatsächlich auch ein Ergebnis. Und wir alle lernten, dass wir intensiver und besser kommunizieren müssen. Und dass wir als Vertretung der Bürgerinnen und Bürger in erster Linie Dienstleister sind. Um in diesem Bereich vorwärtszukommen, begannen wir als Nächstes, für die Stadt eigene Kommunikationskanäle aufzubauen und auch zu betreiben.

Erst bauten wir die Website um, dann intensivierten wir parallel Facebook und mehr und mehr auch YouTube. In die Website integrierte ich eine Software, die ich früher aus dem Management von Projekten kannte. Per Direkteingabe in ein einfaches Webformular konnten Bürgerinnen und Bürger Probleme beschreiben, erklärende Dateien und Dokumente oder Bilder hochladen und dies alles per Mausklick zu uns auf die Reise schicken. So entstanden eine ganze Menge Einträge in eine virtuelle Aufgabenliste. Im System dahinter landeten diese zunächst in den Postfächern der Amtsleiter und bei mir auf dem Handy. Anschließend konnten sie digital an Sachbearbeiterinnen und Sachbearbeiter delegiert werden. Die verschiedenen Statusmeldungen wie «in Arbeit» oder «erledigt» bekommen die Bürgerinnen und Bürger dabei automatisch als Zwischenstand gemailt. Inklusive einer Abschlussmeldung, wenn die Sache geregelt ist.

Was früher auf Zuruf geschah, wurde jetzt kontrollierbar – ein deutlicher Qualitätssprung. Auch wenn wir noch heute trotz allem immer mal wieder das eine oder andere Problem nicht so lösen, wie ich es mir vorstelle. Oder wie es optimalerweise laufen könnte. Die Vorteile überwiegen. Man kann genau nachvollziehen, was wann und von wem unternommen wurde. Und auch, was nicht. Ein wirklicher Fortschritt.

Sicher gehen auch heute noch Aufgaben oder Prozesse im Alltag unter. Der entscheidende Unterschied besteht aber darin, dass wir dies nun merken. Ein ewiges Vergessen ist kaum noch möglich. Zudem arbeiten wir an den Abläufen und versuchen, uns stetig zu verbessern. Während somit die Pflicht langsam koordinierter wurde, begann ich als Kür eine regelmäßige Berichterstattung über die Arbeit des Rathauses auf den digitalen Kanälen zu etablieren. Förderbescheide, die uns erreichten, Probleme bei Projekten. Fortschritte bei dem, was wir tun. Dies alles stelle ich online. Inzwischen vergeht keine Woche, in der es nicht einige Posts auf Facebook und ein oder zwei kurze Videos auf dem YouTube-Kanal #diStadt zu sehen gibt. Und während der Coronakrise avancierte der Videokanal zur eigenen kleinen Tagesschau, denn täglich informierte ich die mehr und mehr verunsicherten Bürgerinnen und Bürger über das, was wirklich ist. Verlässliche Infos aus dem Rathaus versus Hörensagen. In einer kleinen Stadt, in der Gerüchte oft schneller sind als die eigentliche Nachricht, ein unverzichtbares Mittel der Bürgerinformation. Die einzelnen Videos werden je nach Bedeutung zwischen 500 und 15 000 Mal angesehen. Für eine kleine Stadt, wie wir es sind, keine schlechte Quote.

2020, als Corona uns alle in den ersten Lockdown schickte, setzten wir gemeinsam mit einem Chemnitzer Unternehmen eine eigene Web-App auf. Was eigentlich als digitale Lernplattform konzipiert war, wurde bei uns zu einer kleinen Stadtcommunity. Die augustusburg.app dient seither als Kommunikator für alle und erreicht auch jene, die nicht in den großen Netzwerken unterwegs sind oder sein wollen. Die Organisation von Einkaufshilfen, Freizeitangeboten, Fragen rund um Schule und Kita finden hier ihren Platz, und man kann diese Anwendung auch als direkten Draht vom und zum Bürgermeister benutzen. Rund um die Uhr und in Echtzeit. Die Bürgerinnen und Bürger können hier unzensiert Inhalte posten und Fragen zur Diskussion stellen. Eine Vorabkontrolle erfolgt nicht. Im Gegenzug aber muss man sich hier mit einem Klarnamen registrieren, was für eine gesicherte Gesprächskultur sorgt. Jedenfalls in den allermeisten Fällen. Wer hier anonym, unsachlich und schräg auffällt, wird gesperrt. Das besagt die Netiquette – eine Art unausgesprochene Umgangsform, die allgemein akzeptiert ist. Über diese Plattform ist es nun auch möglich, Stadtratsbeschlüsse und Tagesordnungen digital vorab zu verbreiten oder Videochats mit den Bürgerinnen und Bürgern zu organisieren, was wir in Zeiten des Lockdowns regelmäßig angeboten haben und auch weiterhin anbieten werden. Rund 900 Bürgerinnen und Bürger sind hier inzwischen aktiv. Über 20 Prozent der Gesamtbevölkerung unserer Stadt. Angesichts der Demographie von Augustusburg eine ebenfalls sehr gute Quote.

Rein digital unterwegs zu sein, reicht aber natürlich nicht aus. Auch wenn die digitalen Kanäle unglaublich viel Feedback bringen und dafür sorgen, dass sich Informationen tatsächlich der in der Stadt verbreiten. Viele der älteren Menschen erreichen wir auf diesem Weg nicht. Aus diesem Grunde haben wir die klassischen «Offline»-Mitmachangebote gestärkt, die man in einer Kommune etablieren kann. Einmal im Monat tagen die Ortschaftsräte öffentlich. Ebenso der Stadtrat. Bei den Fachausschüssen sind nicht alle Sitzungen öffentlich – je nach Thema finden diese auch im geschlossenen Kreis statt. In den Stadtratssitzungen haben wir nun zudem noch die Tagesordnung so eingerichtet, dass am Beginn immer eine Bürgerfragestunde angeboten wird. Früher mussten engagierte Bürgerinnen und Bürger, ob sie wollten oder nicht, bis zum Ende der Sitzungen warten, um sich hier einzubringen. Frei nach dem Motto: «Wenn es dich nicht interessiert, muss es dich nun interessieren.»

Natürlich wurde damit das genaue Gegenteil erreicht. Es gab nicht viele Bürgerinnen und Bürger, die das über sich ergehen ließen – die Zahl der Interessierten lag lange bei einer ernüchternden Null. Selten über eins. Und noch seltener größer. Um in den Ortschaften zusätzliche Präsenz zu erreichen, versuche ich, bei so vielen Ortschaftsratssitzungen wie möglich als Gast teilzunehmen. In den vergangenen Jahren haben wir dies noch um eine jährliche Wanderung durch die Ortschaften ergänzt. Hier gingen wir gemeinsam mit dem Ortschaftsrat und anderen wichtigen Funktionärinnen und Funktionären an einem angekündigten Sonnabend durch den Ort und gaben den Bürgerinnen und Bürgern die Gelegenheit, direkt am Zaun zu warten und das Gespräch mit uns aufzunehmen.

Nachdem dies zwei Jahre recht gut lief, sich dann aber auf einen kleinen Kreis Interessierte reduzierte, arbeite ich nunmehr seit meiner Wiederwahl im Oktober 2020 jeweils montags in den Ortschaften. Ich bin also – sofern die Kontaktbeschränkungen es erlauben – in wechselnden Ortschaften mit Laptop und Handy in den Bürgerhäusern anzutreffen, arbeite dort und bin für jede und jeden im Ort die gesamte Zeit über ansprechbar. Diese regelmäßigen Angebote werden noch durch das monatliche Amtsblatt abgerundet, das kostenlos in jeden Briefkasten geliefert wird und das ich per ganzseitigem Vorwort ebenfalls intensiv zur aktuellen Kommunikation mit den Bürgerinnen und Bürgern nutze. Mehr Kommunikation geht eigentlich nicht.

«Die Stadt sind Sie!» – Kommunikation auf Augenhöhe

Doch nicht nur Kommunikation, sondern auch eine auf konkrete Ideen und Vorhaben abgestellte Interaktion gehören inzwischen zum Ablauf der Meinungsbildung in der Stadt. Und auch diese hat sich bewährt. Jedes größere Bauprojekt wird, bevor sich der Rat damit befasst, in seinen Grundzügen in einer öffentlichen Bürgerkonferenz vorgestellt und mit den Bürgerinnen und Bürgern diskutiert. Wir wollen so überprüfen, ob unsere Gedanken und Ideen auch von der Bürgerschaft unterstützt werden. Und zwar bevor sie im Wortsinne in Beton gegossen werden. Dies folgt einem Grundsatz, der sich in meiner Arbeit Stück für Stück entwickelt hat: Der Bürger ist nicht nur der Souverän. Er muss auch Teil der Lösung von Problemen sein. Aktiv und persönlich.

Was banal klingt, ist nicht weniger als eine komplette Politikumkehr. Weg vom Überkümmern. Hin zum Ermöglichen. Ein längst überfälliger Schritt in einer freien, demokratischen Gesellschaft. Denn: Ich erlebe es nicht selten, dass eine Bürgerin oder ein Bürger an meinem Tisch Platz nimmt und beginnt, darüber zu schimpfen, was die Stadt alles tun müsse. Ich sitze also da und höre mir diese Tiraden an, um dann wortreich zu versuchen, dem etwas zu entgegnen. Doch komplexe Erklärungen darüber, wer die Stadt eigentlich ist, funktionieren in diesem Kontext nicht. Also antworte ich in einem solchen Disput: «Die Stadt sind Sie. Ich bin die Stadtverwaltung. Wenn etwas fehlt, müssen wir es gemeinsam machen.» Diese einfachen Sätze, die beim ersten Mal schneller ausgesprochen als gedacht waren, sorgten erst für Irritation und anschließend für Unglaube. Im weiteren Verlauf der Gespräche wandelte sich dies allerdings meist in Akzeptanz. Und ich merkte, dass genau dies die Botschaft und die Grundlage unseres Handelns sein muss.

2014 begann ich damit, diese Grundlagen in die Tat umzusetzen. Bei der ersten Veranstaltung, die ich zu diesem Zweck ins Leben rief, kamen fünf Bürgerinnen und Bürger, von denen ich drei persönlich kannte. Bei der nächsten aber waren es dann schon 50, ging es doch um die Umgestaltung des historischen Marktes. Und hier lernte ich, dass es nicht nur um ein bisschen Debatte und Korrektur ging. Es zeigte sich deutlich, dass die Bürgerinnen und Bürger sehr konkrete Vorstellungen davon hatten, was sie umgesetzt sehen möchten und was nicht. Im Nachgang zu dieser Runde, in der wir zahlreiche Hinweise und Fragen erhalten hatten, luden wir deshalb ein zweites Mal ein. Hier präsentierten wir dann, wie manche Vorschläge in die Planung eingeflossen sind. Wir erklärten auch, warum dieses oder jenes aus der Wunschbox eben nicht umsetzbar ist. Vor allem Letzteres, so zeigte sich immer wieder, hat eine enorme Bedeutung. Denn hier entscheidet sich, ob die Bürgerinnen und Bürger sich verstanden und ernst genommen fühlen. Genau das ist der Punkt, an dem Politik regelmäßig scheitert: offen und ehrlich zu sagen, was Sache ist. Und warum. Unter Verwendung von klaren Hauptsätzen, wie ich dies meistens nenne. Dabei muss man konsequent sein – auch wenn dies oft nicht vergnügungssteuerpflichtig ist. Vor allem dann nicht, wenn man in dem Ort wohnt, in dem man letztendlich häufig die letzte Entscheidung fällen muss. In der Regel reißen die Bürgerinnen und Bürger trotz aller Erklärung nicht vor Begeisterung die Arme hoch, wenn sie nicht bekommen, was sie sich erhofften. Wenn sie aber wenigstens nachvollziehen können, warum das so ist, sinkt die Gefahr eines harten Protestes erheblich.

Ich habe oft erlebt, dass sich Bürgerinnen und Bürger nach einer solchen Erklärung sogar bedankten: «Jetzt habe ich verstanden, warum das nicht möglich ist», hieß es oft. Und auch wenn im Anschluss dann immer noch die gegenteilige Meinung vertreten wird – die Chance für eine Akzeptanz einer gegenteiligen Entscheidung ist gegeben. Während die offizielle Lesart im Politikapparat die Bürgerinnen und Bürger inzwischen eher als ein uneinsichtiges, störrisches Hindernis definiert, mache ich hier ganz andere Erfahrungen.

Es ist der gute, breite Kompromiss, der so und nur so entsteht. Und der Kompromiss ist der Kitt in den Fugen des Zusammenhaltes einer Gesellschaft. Man bekommt ihn nicht geschenkt. Und erreicht ihn nicht durch Worthülsen und politische Konjunktive. Einzig durch harte, ehrliche Diskussionsarbeit kann man ihn erreichen. Zusammen mit denen, um deren Interessen es geht. Daraus entsteht die Art von Konsens, der lange Jahrzehnte unsere Gesellschaft zusammengehalten hat. Und genau dieser Konsens droht uns, in Ermangelung bürgernaher, gut erklärter Politik und befeuert vom Megatrend der digitalen Falschinformation, verlorenzugehen. Durch gute und vertrauensvolle Kommunikation in der Kommune wird er erhalten.

Auch wenn mich viele Kolleginnen und Kollegen ob dieses Aufwandes belächeln oder dies für populistischen Unsinn halten: Ich glaube daran. Und die Ergebnisse rechtfertigen diesen Glauben auch. Ich spüre, dass sich in der Stadt etwas bewegt. Die Bürgerinnen und Bürger zeigen mehr Interesse an Vorgängen, die früher nur betrachtet, hingenommen und hinterher zerredet wurden. Mitmachen. Mitreden. Weil es nicht nur gehört, sondern weil es berücksichtigt wird. Das im Nachgang etwas so Diskutiertes und Gestaltetes komplett verrissen wird, ist bei dieser Art von Meinungsbildung sehr unwahrscheinlich.

Ich selbst habe erlebt, wie Bürgerinnen und Bürger, die sich an diesem Prozess in Sachen Marktneugestaltung in der Altstadt beteiligt hatten, bei der Einweihung des neu gestalteten Platzes inmitten der Altstadt einen offenkundigen Meckerer zurechtwiesen. Dieser Mensch war gerade dabei, lautstark so ziemlich alles, was nun zu sehen war, in Frage zu stellen. Mit dem Duktus: gegen alles. Für nichts. Die Bürgerinnen und Bürger, die in den Runden mitgearbeitet hatten, maßregelten ihn sofort. Mit dem deutlichen Hinweis, er hätte sich ja – wie sie selber auch – einbringen können, um dort im Vorfeld seine Gedanken zu äußern. Nun ergebe es keinen Sinn mehr, rein destruktive Kritik zu äußern. Diskussion abgeschlossen. Ein Effekt, den ich im Vorfeld nicht vorausgesehen hatte. Aber dankend wahrnehme. Denn diese Methode der Bürgerbeteiligung isoliert offenbar auch jene, die immer gegen alles sind – aus Prinzip. Diese Bürgerinnen und Bürger gibt es. Und sie definieren sich über den Protest. Intransparenz und Politik von oben füttern sie mit Argumenten für ihr Verhalten. Offene Politik hingegen lässt sie schnell als das dastehen, was sie im Grunde sind: Querulanten. Wie es sie immer gab und wohl auch immer geben wird. Gute Politik entscheidet nur darüber, wie viele Menschen sich diesen «Protestbewegungen» anschließen.

Bürgerinnen und Bürger wieder in die Verantwortung nehmen

Die wohl wichtigste Erkenntnis liegt jedoch nicht in der Wiederentdeckung der guten und offenen Kommunikation oder der Reparatur eines eingeschlafenen Servicegedankens. Nein. Die wichtigste Erkenntnis ist, dass wir die Menschen wieder in die Verantwortung nehmen müssen. Wir müssen es wieder möglich machen, dass sich Bürgerinnen und Bürger sinnvoll einbringen können.

Politisch und auch ganz praktisch muss es wieder vermehrt möglich werden, für sich und andere Verantwortung zu übernehmen. Vor Ort in der Kommune. Weil das der Raum ist, den Menschen überblicken und leichter verstehen können als den hochkomplexen politischen Orbit in Land oder Bund. Die Kommune ist der Raum, in dem sie selbst ganz direkt spüren, dass ihre Beteiligung auch etwas bewirkt. Denn das ist der Schlüssel. Wenn Möglichkeiten dafür geschaffen sind mitzugestalten, sich wirklich einzubringen, entsteht auch eine Sogwirkung. Vorausgesetzt, die Ermöglichungsstrukturen für die Beteiligung erscheinen als sinnvoll. Und das bedeutet: Die Beteiligung muss gewollt sein. Und es müssen echte Möglichkeiten geschaffen werden, Bürgereinsätze in konkrete Projekte und abrechenbare Vorhaben umzuwandeln. Was einfach klingt, ist nicht mehr oder weniger als ein grundsätzlicher Kurswechsel.

Wir haben die vergangenen 30 Jahre im Osten – und vermutlich bereits sehr viel länger im Westen – den Bürgerinnen und Bürgern immer wieder versichert, dass wir uns um alles kümmern. Um wirklich alles. Und dass ihre Beteiligung – wenn überhaupt – nur am Rande eine Rolle spielen würde. Im Ehrenamt etwa, als Trainer im Sportverein oder als Stadt- und Gemeinderat.

Nun müssen wir einsehen: Das war falsch. Dieses übertriebene Kümmern hat aus den Bürgerinnen und Bürgern unselbständige Wesen werden lassen. Was im Westen aufgrund der längeren Sozialisation im System bisher vergleichsweise milde Folgen nach sich zog, führte im Osten zu fatalen Zuständen.

Denn für weite Teile der Gesellschaft quer durch alle Schichten steht inzwischen außer Frage, dass sich alle möglichen Instanzen um ihre Belange zu kümmern haben – nicht aber sie selbst. Und zwar im privaten wie im öffentlichen Bereich. Diese enorme Erwartungshaltung ist nicht zu erfüllen, denn das kann kein Staat dieser Welt leisten. Die Enttäuschung ist also programmiert. Und dann gibt es diesen Teil der Nachwendegesellschaft, der sich tatsächlich hinter dem Klagelied des abgehängten Ostens versteckt, weil es bequemer ist, als über sich selbst nachdenken zu müssen. Für diese Menschen sind die Ostbeauftragten der Parteien oder des Bundes das ideale Alibi. Diese Oberinstanz der Kümmerer signalisiert: Um euch im Osten muss man sich besonders kümmern. Was als generalisierte Aussage Unsinn ist, wenn man das Land beispielsweise aus dem Blickwinkel des Saarlandes betrachtet. Dieses vermeintliche «In-Schutz-Nehmen» führt dazu, dass eine Mobilisierung der Menschen schwerer wird. Wer glaubt, selbst nichts verändern zu können. Wer glaubt, beschützt werden zu müssen. Der verändert auch nichts.

Bürgerprojekte – fördern statt nur fordern

Wollen wir wirklich an diesem politischen und gesellschaftlichen Stillstand etwas ändern, müssen wir konkret handeln und Menschen ermutigen. Wir müssen sie in ihrem Beteiligungsdrang bestätigen und ihnen klarmachen, dass sie etwas wert sind. Dass auch sie verändern können, wenn sie sich wieder einbringen. Wir haben dies in Augustusburg umgesetzt. 2018 starteten wir das Vorhaben «Bürgerprojekte». Ziel des Projektes war es, die Mitarbeit der Bürgerinnen und Bürger nicht nur einzufordern, sondern auch entsprechend fördern zu können. Der Hintergrund dieser Initiative war, dass immer wieder Bürgerinnen und Bürger zu mir kamen, um für irgendein Projekt Unterstützung zu erhalten. In einem bürokratischen System aber, das in festen Abrechnungszeiträumen jeden Euro auf Jahre verplant, ist es fast unmöglich, auf solche Vorstöße einzugehen.

Zudem steht stets die Frage im Raum, ob gerade dieses oder jenes Projekt förderwürdig wäre oder nicht. Wer sollte dies entscheiden? Der Rat? Die Stadt? Über diese Projekte so nebensächlich zu entscheiden, würde immer mit der Gefahr der Willkür einhergehen. Jede Projektinitiative musste theoretisch mit denselben Chancen und Möglichkeit ins Rennen gehen. Natürlich machten uns auch oft die begrenzten Finanzmittel unserer kleinen Stadt einen Strich durch die Rechnung. Einiges konnte auch vorher schon möglich gemacht werden, weil es in vielen Fällen auch um sehr kleine Summen ging. Aber eine wirklich ausgefeilte Förderstrategie hatten wir nicht.

Eine der obersten Prioritäten bestand für uns darin, möglichst vielen Bürgerinnen und Bürgern eine projektbasierte Beteiligung zu ermöglichen. Denn die Bereitschaft für ein Mitgestalten war bei der Bevölkerung durchaus vorhanden, auch wenn unsere Gesellschaft sich verändert hat. Dass beispielsweise die Beteiligung im Ehrenamt zurückgeht, sollten wir nicht als Zeichen mangelnden Interesses interpretieren. Vielmehr zeigt es, dass sich Menschen neben immer enger werdenden Bindungen an die Arbeit nicht auch noch in der Freizeit fest für etwas verpflichten wollen. Projektbezogen sieht die Sache schon wieder anders aus. Und Interesse ist durchaus vorhanden. Das wollten wir in Augustusburg nutzen.

Hatte die Stadt bisher eigentlich nur Vereine bei konkreten Vorhaben direkt unterstützt, sollte dies nun auf alle Bürgerinnen und Bürger der Stadt erweitert werden. Jede Bewohnerin und jeder Bewohner der Stadt sollte die Möglichkeit haben, pro Jahr ein konkretes Projekt vorzuschlagen, dass Bürgerschaft und Stadt anschließend gemeinsam umsetzen würden. Um es vorweg zu sagen: Es handelt sich hierbei nicht um den klassischen Bürgerhaushalt, bei dem die Bürgerinnen und Bürger eigenverantwortlich über kleine Budgets in ihren Quartieren entscheiden können oder auswählen, ob sie Projektvorschlag 1, 2 oder 3 der Stadt umgesetzt sehen wollen. Diese Idee beinhaltet deutlich mehr. Denn thematisch ist nichts vorgegeben, und es kann jeder, auch ein einzelner Bürger, etwas zum Vorschlag bringen. Und zwar alles, was er bzw. sie selbst oder eine Gruppe von Bürgerinnen und Bürgern für wichtig halten. Ein weiterer Unterschied besteht darin, dass beinahe der gesamte anschließende Auswahl- und Diskussionsprozess nicht direkt von der Stadt und ihren Gremien abhängt. Nein. Bei unserem Entwurf kommt es darauf an, in der Stadtgesellschaft möglichst viele Unterstützerinnen und Unterstützer zu finden. Es ist also ein Vorgang, der inhaltlich weitestgehend alleinig in der Bürgerschaft vorangetrieben wird.

Die generellen Regeln, die wir als Stadt dafür aufgestellt haben, dass ein Projekt überhaupt angenommen werden kann, sind übersichtlich. Die oder der Vorschlagende muss Bürgerin oder Bürger der Stadt sein. Die Person muss erklären, warum sie genau das umsetzen möchte, was sie vorschlägt. Sie muss erläutern, welche Eigenleistung sie zusammen mit anderen Bürgerinnen und Bürgern erbringen möchte und wie viel Geld oder welche Leistungen sie seitens der Stadt erwartet. Wichtig ist dabei: Es ist keine 100-Prozent-Förderung. Die Bürgerinnen und Bürger müssen sich einbringen. Also auch Eigenleistungen erbringen. Entsteht beispielsweise etwas Bauliches, so müssen die Projektinitiatorinnen und -initiatoren darüber hinaus auch aufzeigen, wie dieses Objekt dann nachhaltig gepflegt und unterhalten werden soll.

Um sicherzustellen, dass wir hier mit öffentlichen Geldern keine kleinsten Individualinteressen fördern und das vorgeschlagene Thema tatsächlich auch relevant ist, müssen mindestens 40 Bürgerinnen und Bürger der Stadt mit Namen, Adresse und Unterschrift für die Initiative votieren. Dies ist sowohl online als auch offline möglich: Die Bürgerprojekte haben unter der Adresse meinaugustusburg.de eine eigene Webpräsenz und in der Bürger-App gibt es eine zweite Plattform, in der unsere Bürgerinnen und Bürger den Ton angeben. Die Stadt stellt hier zwar die Infrastruktur, verbreitet auch Informationen und Einladungen. Wer aber hier welche Inhalte einstellt, ist darüber hinaus allein Sache der Bürgerinnen und Bürger. Keine Zensur. Keine Kontrolle von Inhalten. Alles offen. Einzige Voraussetzung ist die Registrierung mit Klarnamen. Das ist alles. Für das Bewerben der online vorgestellten Projekte stellen wir als Stadt außerdem das Amtsblatt zur Verfügung. Nach Ablauf der Anmeldefrist der Projekte werden diese in Kurzform auch hier noch einmal präsentiert. So soll sichergestellt werden, dass wir alle Generationen der Stadt erreichen. Und damit auch allen die Möglichkeit geben, mit abzustimmen. Ein wichtiges Ziel. Denn je mehr Bürgerinnen und Bürger ein Projekt unterstützen, desto besser sein Platz im Ranking des jeweiligen Jahres. Und je besser die Listenposition, desto größer die Wahrscheinlichkeit, von der Stadt tatsächlich Fördergelder zu erhalten.

Der Stadtrat stimmt zwar ebenfalls ab, weil wir ja einen entsprechenden Beschluss brauchen – aber dabei richtet er sich maßgeblich nach dem Votum der Bürgerinnen und Bürger. Dieses findet im Rahmen einer Sondersitzung statt, bei der auch die Einreichenden ihre Ideen nochmals vorstellen können. Diese Ratssitzungen waren und sind die mit Abstand am besten besuchten. Mit mehr als 50 Besucherinnen und Besucher pro Sitzung ist das schon mehr als rekordverdächtig. Nicht verwunderlich und Beleg meiner These, dass Ermöglichung Interesse schafft. Denn es geht hier tatsächlich um etwas: 50 000 Euro haben wir als Stadt pro Jahr für die Förderung der Bürgerprojekte eingeplant. Ein Kraftakt – denn für eine kleine Kommune ist das viel Geld.

Dieses Konzept für die Bürgerprojekte tatsächlich zu realisieren, stellte sich auf den letzten Metern ebenfalls als komplex heraus. Einem solchen Vorhaben und vor allem einem solchen Vorgehen muss der Stadtrat zustimmen. Und auch die Ortschaftsräte müssen Gefallen daran finden, wenn es denn ein Erfolg werden soll. Gleichzeitig muss sichergestellt werden, dass sich niemand übergangen fühlt. Denn auch hier im klitzekleinen, unpolitischstem Politikum Kommune bedeutet ein solcher Plan ganz konkret einen Verlust an Macht. Konnten nach all unseren Veränderungen bisher endlich wieder die Ortschaften darüber entscheiden, ob ein Antragstellender mit seiner Idee bei ihnen eine Chance erhält oder nicht, öffnete sich hier nun ein Weg, der strenggenommen wieder an ihnen vorbeiführte. Und noch etwas sorgte für Gesprächsstoff: Um den Einfluss einzelner Listen und Parteien im Stadtrat dem Gewicht der vorher abstimmenden Bürger gleichzusetzen, bekam jeder Stadtrat pro Projekteinreichung zehn Stimmen. Bedeutet: Jeder Projektvorschlag kann von jedem Stadtrat jeweils maximal zehn Stimmen bekommen. Was im Umkehrschluss automatisch bedeutet, dass eine tendenzielle Abstimmung einzelner Räte nicht so sehr ins Gewicht fällt, als wenn beispielsweise jeder Stadtrat wie üblich nur über eine Stimme verfügt. So ist es nahezu ausgeschlossen, dass einzelne Gruppen einzelne Projekte gezielt verhindern, die vielleicht von den Bürgerinnen und Bürgern ganz anders eingeschätzt wurden.

Angesichts des Umstandes, dass wir erst wenige Jahre zuvor die Position der Ortschaftsräte gestärkt hatten, musste dies aus deren Sicht eher ein Rückschritt sein. Denn nun hatten sie die eben erst geschaffene, alleinige Hoheit über ihren Ortsteil wieder verloren. Jedenfalls zu einem Teil. Und auch im Stadtrat war schnell klar, dass hier eine Veränderung auf dem Tisch lag, die die alleinigen Entscheidungsbefugnisse dieser Gremien zumindest einschränkte. Wir führten eine angeregte Debatte, bis wir schließlich doch eine Einigung erzielen konnten. Denn tatsächlich gab es eine deutliche Mehrheit, das Experiment «Bürgerprojekte» auf den Weg zu bringen. Zunächst für die Dauer von zwei Jahren. Der Stadtrat schränkte sich so tatsächlich freiwillig in der eigenen Entscheidungskompetenz ein. Die Verantwortlichen in den Ortschaften zeigten sich sogar eher erfreut über den Zuwachs an Möglichkeiten, als dass sie sich vor einem Machtverlust fürchteten. Und so konnten wir das Experiment «Bürgerprojekte» starten. Aus heutiger, ganz persönlicher Sicht das wichtigste Projekt der gesamten ersten Legislatur. Und inzwischen fester Bestandteil unserer Planungen der kommenden Jahre. Wenn, ja, wenn wir es uns finanziell leisten können.

Als wir die Ausschreibung schließlich veröffentlichten und die Plattform launchten, zeigte sich, dass wir einen Nerv getroffen hatten. Die Projekteinreichenden mussten planen, beschreiben, Mitstreiterinnen suchen und Unterstützer gewinnen.

Interessengruppen, Vereine und auch Privatpersonen meldeten sich an. Schnell waren auf der Plattform mehrere Hundert Nutzerinnen und Nutzer registriert. Die gesamte Stadt kam über diese und jene neue Projektidee ins Gespräch. Es dauerte auch nicht lange, bis die ersten Projekte auf der Plattform zu finden waren. Daumen hoch und Daumen runter wurden verteilt, es gab eine Menge Kommentare und Nachfragen zu Details. Schnell wurde deutlich, welche Ideen Zustimmung finden und welche nicht.

Die Bandbreite reichte von einer kleinen Sandkiste in einer Straße mit vielen kleinen Kindern aber ohne Spielplatz, über eine Chronik zur Geschichte einer alten Dorfschule bis hin zu einer Musikaliensammlung, basierend auf Musikinstrumenten, die bis 1945 in der Stadt produziert worden waren. Letztere sollte nach dem Projektplan in einem leerstehenden Geschäft der historischen Altstadt entstehen. Zudem fanden sich Bürgerinnen und Bürger, die Erhalt und Pflege eines beliebten Aussichtspunktes übernehmen wollten, den die Stadt zuvor durch Ankauf vom staatlichen Sachsenforst vor dem Abriss gerettet hatte. Mit dem Hinweis, dass man diesen nur erhalten könne, wenn Stadt und Bürgerschaft an einem Strang ziehen würden.

Insgesamt gingen 24 Projekte in die erste Runde. Alle gut durchdacht und beschrieben. Und von den Bürgerinnen und Bürgern gut angenommen und massiv unterstützt. Die meisten kamen über die 40 notwendigen Stimmen. Und die noch bessere Botschaft: Es bewarben sich auch Bürgerinnen und Bürger, die wir bisher ehrenamtlich noch nicht wahrgenommen hatten. Ein wirklicher Gewinn, denn es zeigte, dass wir tatsächlich noch Menschen aktivieren können, die bisher mit Kommune und Co nichts am Hut hatten. Wenn es denn ein klares Ziel gibt. Und noch eine Botschaft steckte ausgerechnet im kleinsten aller Projektanträge: dem Zuschuss von 300 Euro für eine Sandkiste. Das Projekt zeigte einen Bedarf auf, den wir trotz eines sehr aktiven Ortschaftsrates an dieser Stelle einfach nicht gesehen haben. Und die Antragsteller selbst hatten zuvor wohl auch keine wirkliche Ahnung, wo sie denn mit diesem Wunsch hingehen sollten. So machten die Familien einer Straße, in der viele Kinder wohnten, uns auf diesem Weg durch ihren Antrag darauf aufmerksam, dass sich etwas verändern solle.

Alles in allem wurden im ersten Jahr 8 Projekte gefördert. Und da eines – die Chronik der Dorfschule – wegen des 150. Jubiläums der Einweihung nicht verschoben werden konnte, stockte der Stadtrat das Budget noch um knapp 4000 Euro auf. In den Tagen nach der Sitzung fertigten wir in der Verwaltung die Zuwendungsbescheide – und zahlten das Geld aus. Das sorgte für Überraschung, denn die Bürgerinnen und Bürger hatten nicht erwartet, das Geld sofort zur Verfügung zu haben. Doch genau dieser schnelle und unbürokratische Ablauf war uns wichtig: Wir wollten zeigen, dass wir Vertrauen haben zu jeder einzelnen Person, die sich hier engagiert hatte. Und dieses Vertrauen wurde nicht enttäuscht. Bei inzwischen insgesamt 14 Projekten, die in den Jahren 2018 und 2019 umgesetzt wurden, mussten wir keinen einzigen Euro beanstanden. Vertrauen wird mit Vertrauen belohnt.

Zwei Projekte wurden nicht umgesetzt. Eines, weil der Projektinitiator bisher nicht aufzeigen konnte, wie es langfristig betrieben werden soll. Und eines, das wir aus dem Bürgerprojektefonds herausgenommen haben, weil hier Vermessungen stattfinden und ein Bauantrag gestellt werden musste. Ein langwieriger bürokratischer Prozess, den wir als Stadt übernommen haben. Dieses Projekt – ein Spielplatz im kleinsten Ortsteil – wird 2021 gebaut werden. Natürlich trotzdem mit Unterstützung der Bürgerschaft und einiger Spenderinnen und Spender, die inzwischen auch Geld dazugegeben haben. In Augustusburg packen wir die Dinge gemeinsam an.

 ## Denkanstöße zur Rettung der kommunalen Bürgerbeteiligung

Was zeigt uns dieses praktische Beispiel von Bürgerbeteiligung in Augustusburg, und was können wir daraus für unser demokratisches Miteinander im ganzen Land ableiten? Eine ganze Menge. Wenn wir es nur wollten:

- Nicht nur reden, sondern zuhören: Die Bürgerinnen und Bürger in unserem Land fühlen sich nicht wahrgenommen – wir müssen jede und jeden Einzelnen wahr- und ernst nehmen, statt pauschal Gruppen auszugrenzen oder den Bürger gar als Hindernis zu betrachten, das es möglichst elegant zu umschiffen gilt.

- Es funktioniert nur mit offener Kommunikation: Nur Transparenz und Teilhabe schaffen echtes Vertrauen. Wir müssen sowohl digitale als auch klassische Kommunikationswege nutzen, um Bürgerinnen und Bürger zu erreichen. Es braucht offene Plattformen, auf denen unzensierter Austausch nach festen Regeln stattfinden kann.

- Ermöglichen statt fordern: Wir müssen die Bürgerinnen und Bürger wieder in die Verantwortung nehmen – das bedeutet aber auch, dass wir ihnen die Mittel bereitstellen müssen, um das zu ermöglichen, selbst wenn dies die eigene Macht einschränkt.

- Erfolg schafft Zusammenhalt, Heimat und Stolz: Der Vertrauensvorschuss an unsere Bürgerinnen und Bürger hat sich im praktischen Versuch ausgezahlt. Nicht Kontrolle, sondern Vertrauen war der Schlüssel zum Erfolg und hat zu einem neuen «Wirgefühl» beigetragen.

- Bürgerbeteiligung in der Kommune stärkt das positive Heimatgefühl: Durch ein konstruktives Mitgestalten finden viele «Verlorene» eine Sinnebene, die sie sonst in Protestbewegungen suchen würden. (Zu diesem Punkt werde ich im Folgenden noch einige Sätze schreiben.)

Was bewirkten die Maßnahmen zur Bürgerbeteiligung in Augustusburg konkret? Ein bisschen mehr Miteinander in der Gemeinschaft? Ein paar Schlagzeilen für die Stadt? PR für den Bürgermeister und damit viel Lärm um nichts? Nein. Hier ist viel mehr passiert. Menschen brachten sich ein. Nachbarschaften wurden neu aktiviert. Bürgerinnen und Bürger berichteten mir nach der Beteiligung an einem der Projekte, sie hätten bisher hier nur in Augustusburg gewohnt – jetzt würden sie dazugehören.

Die Bürgerprojekte führten dazu, dass die Bewohnerinnen und Bewohner der Stadt sich besser kennenlernten und dass sie gemeinsam etwas Positives für ihre Kommune voranbringen wollten. Und dies auch konnten. Menschen schlossen sich zusammen, um etwas zu ermöglichen, was fehlte. Oder, dass sie sich wünschten und von dem sie wussten, wir als Stadt würden es nicht umsetzen können.

Bei diesen Menschen, die sich engagierten, waren auch einige dabei, die mir sagten: «Gewählt haben wir dich nicht. Du bist in der falschen Partei. Aber das, das ist gut.» Sie alle beteiligten sich freiwillig, opferten Zeit und Kraft. Was sie stolz machte. Stolz darauf, dass sie ein Stück zu ihrer Heimat beigetragen haben. «Wir haben es geschafft.» «Wir haben es gemacht.» Zwei Sätze in der ersten Person Plural, die ich oft höre seitdem. Und immer wieder kann man dabei in den Gesichtern sehen, dass diese Initiative gut und wichtig war.

Stolz und Heimat. Zwei versagte Begriffe, die unsere Bürgerinnen und Bürger damit unbewusst wieder positiv besetzten. Begriffe, die lange historisch belastet und auch im neuerlichen, nicht ganz klaren Blick nach Sachsen alleinig für etwas Schlimmes standen. Für das dunkelste Kapitel der deutschen Geschichte. Und darüber hinaus für eine angeblich flächendeckend aufflammende rechte Erinnerungsromantik.

Tatsächlich stehen diese Grundbegriffe des Zuhause-Seins noch immer unter dem Vorbehalt einer unbestimmten, moralischen Verantwortung. Das wird sich in Deutschland auch nicht so schnell ändern – und in gewisser Weise ist das auch richtig so. Aber: «Ich bin stolz auf meine Heimat», war und ist ein Satz, den man leider noch immer besser nicht ausspricht. Nicht, ohne sofort in Rechtfertigungen verfallen zu müssen. Weil viele diesen Satz eben nicht so meinen, wie er verstanden wird. Die völlige Abwertung dieser Begriffe ist meiner Ansicht nach genauso falsch, wie zu behaupten, der Wahn von einst hätte seine Wurzeln nicht auch im falschen Heimatstolz gefunden. Leider hat es die Politik seither nicht verstanden, hier zu vermitteln und diese so wichtigen Worte des Zusammenhaltes, des Dazugehörens und des Verwurzelt-Seins von dem zu trennen, was weder verschwiegen und schon gar nicht vergessen gehört: Der Verantwortung für das, was damals Krieg und Tod brachte. Doch Verantwortung ist etwas anderes als Schuld.

Die stillschweigende Gleichsetzung von Heimat und Stolz mit dem, was war, und die Ausklammerung der positiven Nutzung und Wirkung dieser Worte generierte bei vielen Menschen das Gefühl, sich noch immer mitschuldig fühlen zu müssen. Gerade im Osten trifft das einen sensiblen Nerv, hatte man doch hier schon von Staats wegen jahrzehntelang aktiv Abbitte getan. Denn die DDR trug das Schuldnarrativ lange, ausschließlich und gründlich vor sich her. So lange, bis sich das Gute daran zum Treiber für eine rechte Gegenbewegung entwickelte. Der Schuldkomplex wurde so intensiv behandelt, dass man inzwischen verordneter Korrektheit gegenüber sehr müde geworden ist. Was aber dennoch weit mehrheitlich nicht bedeutet, dass man sich der Verantwortung nicht bewusst wäre, die aus unserer Geschichte erwächst. Noch.

Ob der Anteil derjenigen, die diese Verantwortung verleugnen, steigt oder sinkt, wird auch davon abhängen, wie wir künftig mit der Einordnung und der Anwendung dieser Begriffe umgehen werden. Der unausgesprochene Konflikt und der verkrampfte Umgang mit diesen Themen schwelt seit der Wende, und weil Unentschlossenheit die politische Position dazu prägt, hat man diese beiden Begriffe kampflos und fahrlässig den Radikalen überlassen. Die wiederum nutzen diese Vorlage freudig und punkten damit, den Menschen Heimatgefühle und Heimatstolz wieder zu gestatten.

Seiner Heimat verbunden zu sein, dies auch auszusprechen

und darauf stolz zu sein, sind so nun Claims des «Widerstandes», des «Protests» geworden. Bei uns in Sachsen gern untermauert durch Verweise auf die inoffizielle Heimathymne des Erzgebirges von Heimatdichterlegende Anton Günther. «Deitsch un frei woll mer sei», heißt es hier. Inzwischen gibt es T-Shirts mit einem abgewandelten Claim, der «Deitsch» durch «Stolz» ersetzt. Die inzwischen zaghaften Versuche etablierter Parteien, hier ein alternatives Gemeinschaftsangebot zu entwickeln, zünden kaum. So wirbt die SPD in Mittelsachsen mit dem kraftlosen Derivat «Daheeme». Ob das nur cool sein soll, aber tatsächlich mutlos ist, bleibt offen.

Nun also positiver Stolz. Erarbeitet durch Mitgestaltung, frei von Zweifel und historisch unbelastet. Geschöpft aus Normalität und gegenseitigem Vertrauen zwischen Bürgerschaft und Kommune. Neben dem, was tatsächlich sichtbar und abrechenbar entstanden ist, muss das als der größte Erfolg des Projektes gelten. Wir haben gelernt, dass gemeinsam mehr geht, dass man vieles schaffen kann, wenn man die passive Meckerecke verlässt und sich einbringt – so wird man selbst wirksam.

Wir haben auch gelernt, dass es einfacher ist, als angenommen, dies auch umzusetzen. Und dass man sich nun darüber freuen kann, dass die Stadt weit über ihre Grenzen hinaus gewürdigt wird. Für das Musikkabinett, das nun am Wochenende Gästen die Geschichte der Unterhaltungsmusik und auch ein Stück Geschichte der Stadt näherbringt und das mit regelmäßigen Konzerten Kultur in der Stadt etabliert. Der Ausflugspunkt, der wieder bestaunt wird. Für all diese tollen Projekte haben wir schließlich auch einen Preis gewonnen: den Politikaward 2018, eine der bekanntesten überregionalen Auszeichnungen für politische Kampagnen in Deutschland.

Die Nachricht erreichte uns am Tag des Neujahrsempfangs in der Stadt, nachmittags war ich noch nach Berlin gefahren, um in einem Acht-Minuten-Pitch unsere Bewerbung in der Kategorie «disruptive Kampagne» vorzutragen. Die Teilnahme an der Abendgala, auf der die Preisträger dann verkündet werden sollten, hatte ich wegen des eigenen Empfangs auf unserem Schloss Augustusburg abgesagt. Kurz nach Eröffnung des feierlichen Abends, an dem auch traditionell Bürgerinnen und Bürger für ihr Engagement mit der silbernen Ehrennadel ausgezeichnet werden, erreichte uns per Livestream die Nachricht vom Gewinn. Nebst Laudatio aus Berlin. Das gemeinsame Glas Sekt darauf, für das sich die versammelten Vertreterinnen und Vertreter der Stadtgesellschaft von ihren Plätzen erhoben, schaffte einen Moment des Zusammenhalts. Diese Momente waren vorher selten geworden bei uns.

Aller Freude zum Trotz hat das Ganze auch seine Schattenseiten. Die Plattform, die zur Präsentation der Projekte genutzt wird, verfügt auch über die Funktion, ganzjährig Ideen und Vorschläge zur Diskussion zu stellen. Leider wurde diese Funktion bisher nur spärlich genutzt – hier würden wir uns noch mehr Aktivität wünschen. Die zweite negative Erkenntnis liegt in der schwachen Finanzausstattung der Kommunen begründet, der wir auch unterliegen. Die ersten beiden Runden 2018 und 2019 konnten wir nur deshalb finanzieren, weil unser Eigenanteil an der Finanzierung des Breitbandausbaus der Stadt weggefallen war. Die freigewordenen Ressourcen konnten wir deshalb einsetzen.

Als 2020 die Pandemie die Menschen zu Hause hielt und damit Löcher in die kommunalen Haushalte fraß, war es finanziell nicht möglich, die Initiative «Bürgerprojekte» erneut aufzusetzen. Uns fehlten schlicht die Mittel, die an Umlagen von Einkommens-, Umsatz- und Gewerbesteuer hängen. Der allgemeine Abwärtstrend brachte also unseren Trend der Bürgerbeteiligung vorerst zum Erliegen. Und der Freistaat, der eigentlich im Koalitionsvertrag festgehalten hatte, solche Bürgerprojekte künftig massiv fördern zu wollen, hat dies nun ebenfalls erst einmal aufgegeben. Aus Finanzierungsgründen, wie es heißt. Nun will die SPD mit einer Initiative versuchen, dies doch noch möglich zu machen. Per Parteitagsbeschluss soll die Landesregierung gezwungen werden, für die verbleibende Legislatur doch noch rund 20 Millionen Euro für diese Projekte aufzubringen. Was nach einer riesigen Summe klingt, ist angesichts eines Milliardenhaushalts schnell als das entlarvt, was es eigentlich ist: Symbolpolitik. Würden sich alle 546 eigenständigen Kommunen in Sachsen dafür interessieren, wäre für jede von ihnen theoretisch 12 000 Euro pro Jahr vorhanden. Dieser Vorstoß ist also nichts mehr als eine symbolische Geste. Um eine solche Plakatpolitik nicht mehr fortzuführen, ist eine Reform der Kommunalfinanzierung nicht nur angesagt, sondern längst überfällig.

6 LASST ES UNS ENDLICH ANDERS MACHEN!

Wie geht es nun weiter für unsere Demokratie? Wir erleben den langsamen Tod der Eigenverantwortung. Der Ruf nach politischen Lösungen, die «die da oben»gefälligst entwickeln sollen, wird immer lauter. Die Unzufriedenheit im Land mit dem, was von dort kommt, wächst zugleich täglich.

Es liegt etwas in der Luft im Land. Das Erstarken der Extreme ist die ständige Begleiterscheinung dieser Entwicklungen. Wo Misstrauen und Unzufriedenheit wohnen, können ebendiese sich einnisten. In der inzwischen klaffenden Lücke zwischen Politik und Gesellschaft. Was wir brauchen, sind ein Aufbruch und ein Neuanfang. Wir brauchen mündige Bürgerinnen und Bürger. Wir brauchen mehr Selbständigkeit für die Kommunen. Wir brauchen neue Köpfe mit neuen Zielen in den Parteien. Wir brauchen ein deutliches Mehr an freiem Geld für freie Bürger. Weniger Regeln und eine Reform der Verwaltung. Das Ziel: nicht mehr und nicht weniger als die Rettung der Demokratie von ganz unten. Durch Freiheit, konstruktive Einmischung und getragen von gegenseitigem Vertrauen. Wir brauchen ein neues Miteinander, das weniger Ich und mehr Wir kennt. Und das Beste ist: Das alles geht. Wir müssen es nur machen.

Ermöglichen, statt kümmern und versprechen!

Es klafft ein tiefer Graben im Land. Zwischen den politischen Entscheidern «da oben» und einem wachsenden Teil der Bürgerinnen und Bürger «da unten». Eine Lücke, die aus Entmündigung, politischem Kontrollzwang und gegenseitigem Misstrauen gewachsen ist.

Diese Distanz wird von vermeintlichen Heilsbringern schamlos ausgenutzt. Mit scheinbar einfachen Lösungen wecken sie die Sehnsucht der Bürgerinnen und Bürger nach einem System, das verständlich ist. Auf das man als Einzelperson und als lokale Gemeinschaft gefühlt noch Einfluss nehmen kann. Ein Miteinander, dessen Strukturen logisch sind und die für jede einzelne Bürgerin und jeden einzelnen Bürger einen sprachbewährten Platz lässt.

Doch diese Heilsbringer bringen keine Lösungen. Sie formen aus der Enttäuschung und den Schmerzen der Gesellschaft einen Widerstand gegen alles. Sie wecken keine positiven Kräfte. Keinen Aufbruch. Sie verstärken das Echo der fehlerhaften, fiebernden Gesellschaft. Sie nehmen Hoffnung und ersetzen diese durch Wut. Wut, die sich stets auf andere richtet. Die nicht das eigene Tun hinterfragt – die Schuld, die wir alle an diesem langsamen Sterben der demokratischen, solidarisierten Gesellschaft tragen. Nein. Der Protest dieser vermeintlichen «Alternativen» richtet sich gegen «die da oben». Die in der Politik. Und er richtet sich gegen alles und jeden, der ihren Thesen nicht bedingungslos zustimmt. Letzteres kommt uns leider bekannt vor. Ist es doch inzwischen ein geübter Reflex auch bei den sogenannten «Etablierten».

Es ist dieselbe Pauschalität, mit der auch die gestandene Politik diese wütenden Menschen selbst seit Jahren betrachtet und behandelt hat. Das Kollektiv hat gelernt und leider die falschen Schlüsse gezogen.

Und noch etwas erreichen diese Seelenfänger. Mit ihrer Rhetorik von der alleinigen Verantwortung des Staates für alles, was den Einzelnen enttäuscht, findet der Bedeutungsverlust der Eigenverantwortung einzelner Bürgerinnen und Bürger seinen Abschluss. Ursache dafür ist die jahrzehntelange Kultur des Kümmerns, mit dem die Politik das Möglichmachen einer wirklich freidenkenden Gesellschaft stets zu ersetzen suchte. Dies hatte nicht zuletzt den Hintergrund, die eigene Bedeutung, die eigene uneingeschränkte Machtposition zu erhalten. Kurz: Die Politik «kümmert» sich, um weitgehend ungestört regieren zu können. Der Preis ist hoch. Und es wird Zeit, alles zu ändern, wenn wir nicht wollen, dass dieses Land seinen inneren Zusammenhalt gänzlich verliert. Jetzt und nicht irgendwann.

Wir müssen den Bürgerinnen und Bürgern Verantwortung zurückgeben. Wir müssen aufhören, alles bis ins Detail regeln zu wollen. Dazu gehört, dass wir künftig nicht davor zurückschrecken dürfen, den Bürgerinnen und Bürgern etwas abzuverlangen. Wir müssen auch Dinge mit ihnen teilen, die sie anstrengen oder sie zwingen, ihre eingefahrenen Muster zu verlassen. Wenn es denn nötig und im Sinne der Gemeinschaft und des Miteinanders sinnvoll ist.

Wie sollen wir den Herausforderungen unserer Zeit begegnen, wenn wir alle Entscheidungen grundsätzlich danach abwägen, was die Bürgerinnen und Bürger zu akzeptieren bereit sind? Nein. Wir müssen damit beginnen, Menschen wieder in die Verantwortungsketten aktiv einzubinden. Wir müssen die Möglichkeiten dafür schaffen, dass sie sich ernst genommen fühlen und sich als relevanten Teil des Ganzen wiederentdecken.

Wir müssen Transparenz schaffen und den Bürgerinnen und Bürgern wieder bewusst machen, dass auch sie Verantwortung tragen.

Damit dies funktionieren kann, müssen wir nicht mehr und nicht weniger tun, als dieses Land politisch wieder vom Kopf auf die Füße zu stellen. Die Menschen brauchen wieder eine Stimme, die nicht nur einmal alle paar Jahre bei Wahlen Niederschlag findet. Sie müssen lernen, aber auch erleben können, dass ihre Stimme in unserer Demokratie zu jeder Zeit zählt. Die Menschen müssen wieder spüren, dass man ihnen vertraut. Ihnen etwas zutraut. Sonst werden wir nicht erwarten können, dass sie dem System vertrauen.

Die Ebene, in der dieser Prozess am besten angestoßen werden kann, ist die Kommune. Sie ist die Herzkammer der Demokratie. Hier ist der Erfahrungsraum, den Menschen jeden Tag erleben. Hier sehen sie, was geht, was fehlt, was nicht funktioniert. Und nur hier kann man ihnen beweisen, dass es sich lohnt, sich einzumischen. Mitzumachen. Um am Ende ganz direkt davon zu profitieren. Hier können sie erfahren, dass sie selbstwirksam sein können – dass es in einer Gemeinschaft auch auf jeden Einzelnen ankommt. Dies kollektiv zu erfahren, ist der beste Schutz, den eine Gesellschaft gegen radikale Kräfte aufbauen kann.

Wer weiß, dass er Dinge mitgestalten kann, wird sich dies nicht ohne weiteres nehmen lassen. Nur auf diesem Weg wird Meinungsfreiheit überhaupt wieder ihren Stellenwert zurückerlangen, denn nur so können wir den Bürgerinnen und Bürgern beweisen, dass ihre Meinung auch etwas bewirkt. Besonders im Osten müssen wir auch die Angst vor ebendieser Freiheit im Blick behalten – denn diese ist häufig größer als die Angst, die Freiheit zu verlieren.

Wir müssen zeigen, dass Demokratie keine Phrase ist, sondern jene Form des gesellschaftlichen Zusammenlebens, zu der es keine Alternative gibt. Eine Politik, die ermöglichen will, muss Möglichkeiten schaffen. Das bedeutet, die Kommunen müssen wieder mehr Entscheidungsbefugnisse und mehr finanzielle Spielräume bekommen. Das setzt voraus, dass wir die Themen im politischen Orbit neu sortieren. Grundlage hierfür ist das Subsidiaritätsprinzip. Dieses besagt, dass höhere staatliche Institutionen nur dann und auch immer dann regulativ eingreifen sollten, wenn die Möglichkeiten des Einzelnen, einer kleineren Gruppe oder niedrigeren Hierarchieebene allein nicht ausreichen, eine bestimmte Aufgabe zu lösen.

Kurz: Entscheidungen, die an der Basis am besten getroffen werden können – wie die Entscheidung über eine Sportanlage oder eine Straße –, müssen auch dort getroffen werden. Entscheidungen einer Region gehören in diese. Prozesse, die von landesweitem Rang sind, wie beispielsweise das Thema Bildung, gehören auf die Landesebene. Themen nationaler Tragweite gehören auf die Bundesebene.

Freies Geld für freie Bürger!

Dass Entscheidungen erfolgreich lokal getroffen werden können, zeigt uns die Arbeit von Hunderttausenden ehrenamtlichen Gemeinde- und Stadträten, die in diesem Land bereits jetzt die Fahne der Mitbestimmung hochhalten. Leider sind ihre Entscheidungsspielräume dabei immer noch sehr begrenzt – aber sie tun es dennoch. Sie erfüllen ihre Aufgaben gewissenhaft und versuchen dabei, die Bürgerinnen und Bürger irgendwie mitzunehmen. Oft können sie nur Absichten erklären, weil am Ende irgendeine Förderinstanz den Daumen hebt oder senkt. Das ist ein Problem, und gleichzeitig auch die Erklärung, warum sich kaum noch Menschen finden, die diese Aufgaben übernehmen wollen. Ein katastrophaler Langzeitschaden, der jedes Jahr größer wird. Und den wir auch nicht von heute auf morgen beheben können. Denn der Vertrauensbruch ist groß, schwerwiegend und muss durch Taten beseitigt werden.

Eine der wichtigsten Maßnahmen könnte sein, die grundsätzliche Finanzierung der Kommunen endlich zu ändern. Seit 2018 versuche ich, innerhalb der SPD dafür Unterstützung zu finden. Mein favorisiertes Modell für ein solches Projekt ist denkbar einfach. Pro Jahr erhalten die Kommunen ca. 800 Millionen Euro Fördermittel, die sie mit großem Aufwand für kommunale Belange und Infrastrukturprojekte beantragen. Zudem verfügt der Freistaat im gesamten Doppelhaushalt über sechs Milliarden Euro, die er für Förderung ausgeben kann.

Die Idee: Eine Milliarde Euro aus diesem Finanzposten frei an die Kommunen verteilen! Über einen einfachen Schlüssel, nämlich per Pro-Kopf-Pauschale, also pro Einwohnerin und Einwohner. Teilt man diese eine Milliarde Euro durch 4 Millionen Sachsen, so kommt man auf 250 Euro für jede Bürgerin und jeden Bürger. Multipliziert man das mit der Einwohnerzahl von Augustusburg, kommt man auf knapp 1 Million Euro. Pro Jahr. Zum Vergleich: Bisher erhält die Stadt eine Investitionspauschale von 170 000 Euro per annum. Aus der wir dann in der beschriebenen Antragslotterie unser Glück versuchen können. Wenn die Anträge bewilligt werden, können wir die Projekte dann umsetzen. Natürlich besteht immer die Gefahr, dass der Prozess Jahre dauert und inzwischen die Kosten explodieren. Oder auch, dass der Antrag nicht zum Ziel führt.

Die momentane Förderpraxis schafft keine klaren, verlässlichen Perspektiven. Mit einer festen, jährlichen Zahlung von einer Million Euro hätten wir in Augustusburg Planungssicherheit. Und die Menschen in der Stadt hätten die Gewissheit, dass endlich Mittel zur Verfügung stehen, um wirklich etwas anzustoßen. Schlechter würden wir finanziell nicht dastehen. Und – was die Gesamtsumme betrifft – auch nicht wesentlich besser.

Im Vergleich der letzten sieben Jahre hätten wir mit dem vorgeschlagenen Alternativmodell ebenfalls alle unsere Vorhaben umsetzen können, die wir jetzt mit großem Aufwand per Antrag erreicht haben. Wir wären aber schneller gewesen und hätten besser planen können. Wir hätten durch eine zeitnahe Umsetzung der Projekte auch die Mehrkosten vermeiden können, die sich durch die teils jahrelangen Wartezeiten auf die entsprechenden Bescheide zwischen Antrag und Ausführung ergeben haben. Und noch etwas wäre anders. Mittlerweile ist belegbar, dass viele Unternehmen bei von offenen Stellen ausgeschriebenen Projekten aufgrund des damit verbundenen Aufwands keine Angebote mehr abgeben. Oder – wenn sie es denn tun – von vornherein den großen Nachweisaufwand für alle möglichen denkbaren Nachfragen mit in die Angebote einpreisen. Ein weiterer, preistreibender Effekt, der Jahr für Jahr zusätzliche Steuergelder verbrennt. Mit einer Vereinfachung des gesamten Fördersystems würde man all diese Probleme umgehen oder zumindest in ihrem Ausmaß begrenzen. Und wenn darüber hinaus die Kommunen das pauschal zugewiesene Geld auch über die Jahre kumulieren, also aufsparen dürften. Dann wären auch große Investitionen aus eigener Kraft denkbar. Somit bleiben nicht viele Bereiche, bei denen der Freistaat Sachsen noch zusätzlich finanzieren müsste. Und wenn, dann sind es die Themenfelder, die auf Landesebene auch zu den Kernzielen gehören sollten. Wie der Neubau von Kitas und Schulen oder die

Sanierung überregionaler Straßen und der Infrastruktur. Eben solche Aufgaben, die eine kleinere Kommune auch mit einem solchen Pauschalmodell nicht leisten könnte.

Für die Regionen gibt es indes schon sehr lange ein anderes Modell der Finanzverteilung, die man ebenfalls als Vorbild in das politische Denken über eine neue Finanzordnung der Länder integrieren könnte. Denn schon seit längerem gibt es für die Verteilung europäischer Fördermittel im ländlichen Raum ein sehr basisdemokratisches und inzwischen auch bewährtes System: die sogenannten LEADER-Regionen. LEADER ist die englische Abkürzung für den französischen Originalnamen eines Programmes, das die Europäische Union bereits 1991 ins Leben rief. Unter dem Titel «Liaison entre actions de développement de l'économie rurale» (Verbindung zwischen Aktionen zur Entwicklung der ländlichen Wirtschaft) startete dieses Maßnahmenprogramm der Europäischen Union als sogenannte Gemeinschaftsinitiative bereits 1991.

Hier sollten modellhaft innovative Aktionen im ländlichen Raum gefördert werden. Lokale Aktionsgruppen erarbeiten hierfür vor Ort Entwicklungskonzepte. Ziel ist es dabei, die ländlichen Regionen Europas auf dem Weg zu einer eigenständigen Entwicklung zu unterstützen. Das Programm, das in hohem Maße auf eigenständige Entscheidungen aus der Region setzt, wurde aus dem Stand ein Riesenerfolg. Aufgrund des Zuspruchs wird der LEADER-Ansatz seit 2006 kontinuierlich fortgeführt. Auch Augustusburg ist bereits von Anfang an Mitglied eines solchen regionalen Zusammenschlusses, der sich über drei Förderperioden hinweg immer wieder neu zusammenfand. Aktuell bereitet sich die Erzgebirgsregion Flöha-Zschopautal e. V. auf eine neue Förderperiode vor. 17 Kommunen aus zwei Landkreisen haben sich freiwillig zusammengeschlossen, um für eine insgesamt 113 000 Einwohnerinnen und Einwohner zählende Gebietskulisse die Unterstützung wirtschaftlicher, privater und auch kommunaler Projekte möglich zu machen. Und dies mit einer hohen Effizienz, niedrigen Kosten und einer basisdemokratischen Komponente, die es im gesamten Förderszenario kein zweites Mal gibt.

Denn hier definiert sich eine ganze Region nicht nur die Regeln selbst, nach denen gearbeitet werden soll. Sie entscheidet am Ende auch selbst. Das Instrument dafür ist das sogenannte Entscheidungsgremium, in dem nach dem Paritätsprinzip neben den Kommunen auch Bürgervertreterinnen und -vertreter sowie Abgesandte der Wirtschaft sitzen und mitbestimmen. Sie bilden dabei einen repräsentativen Querschnitt der Gesellschaft ab. Das bedeutet: Die Gesellschaft eines Lebensraumes stellt die Regeln auf, nach denen das vorhandene Geld verteilt wird. Und dieses Gremium bestimmt auch, wer es dann am Ende bekommt. Ein Entscheidungsprinzip auf Augenhöhe und mit Bezug zu jedem, der hier einen Antrag stellt. Ein guter Weg, Entscheidungen dorthin zu bringen, wohin sie gehören. Und mit einer Erdung zu versehen, die gute Entscheidungen brauchen.

Auf Landesebene tut man sich sehr schwer mit solchen Ansätzen. Obwohl auch hier nicht unbemerkt blieb, dass die eigene Praxis vom Ansatz der LEADER-Regionen so weit weg ist wie eine Kuh vom Kopfrechnen.

So kommt zum Beispiel der Bericht der Kommission zur «Vereinfachung und Verbesserung der Förderverfahren des Freistaates Sachsen» aus dem Jahr 2019 zu dem Schluss, dass insgesamt 41 Bewilligungsstellen, die über diverse Förderanfragen zu befinden haben, einfach zu viel sind. Und dass diese Realität aus Sicht des Antragstellers schon ein wenig verwirrend wirken könnte. Der Lösungsvorschlag der Kommission ähnelt dem LEADER-Ansatz. Zudem plädiert das Papier für einen ganzen Schwung an Vereinfachungen und Verbesserungen. Unter anderem auch dafür, dass sich Kommunen künftig in einem sogenannten Maßnahmeplanverfahren zumindest für die Förderung von Infrastrukturmaßnahmen zu Regionen zusammenschließen und kooperieren können sollten.

Das würde bedeuten: Mehr Flexibilität, weil durch die Definition eines Gesamtbudgets für eine ganze Region der Druck des klassischen Förderbescheides in Sachen Fertigstellungstermin wegfallen könnte. Schließlich könnte die Region – wie bei LEADER üblich – in einem Zeitfenster von vier Jahren untereinander abstimmen, wer wann seine Projekte durchführt. Und dies auch notfalls tauschen könnte, sollte ein Partner gerade ein Problem haben, seinen Part umzusetzen. Da hierbei seitens des Freistaates alle Förderkompetenz an einer Stelle gebündelt wäre, würden Transparenz und Schnelligkeit wieder Freunde unserer Arbeit sein. Damit verbunden wäre erwartbar eine Kostenreduktion, die sich wiederum in einem höheren Fördersatz niederschlagen könnte.

Das alles wäre möglich, ohne dabei mehr Landesmittel einzusetzen. Ein Blick auf die Kennzahlen des «Wurzener Landes», einer Region rund um die Stadt Wurzen, zeigt, was dies bedeuten könnte. Diese Region ist die erste, die sich auf den Weg gemacht hat, die Erkenntnisse der Kommission nun auch praktisch einzufordern. Wurden hier Infrastrukturprojekte als Einzelmaßnahmen in der Vergangenheit im Durchschnitt mit 59 Prozent gefördert, könnte diese Zahl mit dem neuen Ansatz auf stattliche 75 Prozent steigen. Geld, dass die Kommunen bei den Eigenanteilen sparen und wiederum in andere Projekte investieren könnten.

Zwar ist auch dieses Modell noch weit entfernt von kompletter Eigenverantwortung, denn nach wie vor wird eine Behörde entscheiden, ob das eingereichte Projekt förderwürdig erscheint, oder nicht. Es wäre aber zumindest der erste Schritt hin zu mehr Tempo, weniger Verschwendung und mehr regionaler Verantwortung. Und zusammen mit der von mir präferierten Pro-Kopf-Pauschale quasi ein Befreiungsschlag für die kommunale Ebene und die Selbstbestimmung der Bürgerinnen und Bürger, die hier deutlich an Einfluss gewinnen würden.

Freies Geld für freie Bürgerinnen und Bürger? Ein schöner Gedanke. Doch beides bleibt trotz aller Bemühungen ein Traum. Die Bestrebungen, eine Autonomie der Kommunen nicht nur verfassungsrechtlich theoretisch, sondern auch praktisch zu verfolgen, enden bisher stets in leeren Floskeln. Man «bemüht» sich, «findet das gut, was der Bürgermeister da fordert» und erklärt sich wahlweise für «nicht zuständig», für «zu klein als Fraktion» oder man schweigt einfach. Nicht selten werden hinter vorgehaltener Hand diese «durchgeknallten» Forderungen schlicht belächelt. Immer mit den gleichen inhaltsleeren «Argumenten», die von «keine Ahnung» bis «das geht alles eben nicht anders» reichen. Zuletzt auch immer die Behauptung, man wolle ja immer nur mehr Geld.

Das sind Totschlagargumente für jeden Veränderungsgedanken. Fakt ist: Keiner der Koalitionspartner hat dieses Thema in den Koalitionsverhandlungen zu einem Schwerpunkt der eigenen Forderungen erklärt. Das Thema Bürgerhaushalte wurde am Rande thematisiert, doch das kommt eher einem Placebo denn dem Ruf nach grundlegender Systemveränderung gleich. Keine Fraktion verfolgt ernsthaft die Absicht, im Bereich Förderpraxis, Bürokratieabbau und Eigenverantwortlichkeit der Kommunen etwas grundlegend ändern zu wollen.

Nein. Im Gegenteil. Wie zum Hohn wurde ein neues Ministerium geboren. 150 Mitarbeitende stark und darauf ausgerichtet, Regionalentwicklung zu betreiben. Eine neue Behörde, die wiederum dafür geschaffen wurde, den Kommunen Entscheidungen abzunehmen, Förderziele zu definieren und etwas beantragbar zu machen, was man vor Ort besser selbst entscheiden könnte.

Das ist exakt das Gegenteil von dem, was passieren muss. Es ist ein Schlag ins Gesicht all derer, die sich gerade im ländlichen Raum bemühen, zu guten und tragfähigen Entscheidungen zu kommen. Und die dafür endlich die Freiheit erwarten, die es braucht, gemeinsam mit den Bürgerinnen und Bürgern Heimat gestalten zu können, Demokratie zu leben und Vertrauen zurückzugewinnen.

Neue Köpfe. Neue Ziele!

Was dem Gedanken, mehr Bürgerverantwortung und größere Freiheit zu schaffen, diametral entgegensteht, ist das Streben nach Macht, das die Parteien derzeit maßgeblich antreibt.

Der Selbsterhalt bestimmt die Themen. Der Drang nach Bestimmungshoheit erhebt sich langsam über die allgemeinen Ziele, die es eigentlich zu verfolgen gilt. Die Parteien als Vertretung der Bürgerinnen und Bürger stehen damit mehr und mehr der notwendigen Erneuerung der Demokratie im Weg. Wer das ändern will, muss also Parteien verändern. Und dabei vor allem die entscheidenden Pfeiler des Machtstrebens brechen. Eine wesentliche Komponente ist hierbei die Unterbindung ewiger Karrieren in Amt und Mandat. Begrenzen wir endlich Amtszeiten auf allen Ebenen in unserem Land. Mindestens überall dort, wo die Bürgerinnen und Bürger nicht ausschließlich und direkt Einfluss nehmen können, weil Listenwahlen beispielsweise auch Kandidaten in ein Parlament bringen, die die einzelne Wählerin selbst vielleicht nicht wählen würde. Oder weil Parteien selbst die Posten besetzen, wie beispielsweise den eines Ministers oder einer Ministerin. Oder weil der Landtag abstimmt, wie im Falle des Amtes eines Ministerpräsidenten. Begrenzen wir die Zahl der Legislaturperioden auf zwei. Zwei Amtszeiten sind im Land- oder Bundestag in der Regel acht Jahre.

Ausreichend Zeit, Ziele zu verfolgen und diese durchzusetzen. Und zugleich auch ausreichend begrenzt, um zu verhindern, dass sich Einzelne an der Macht festbeißen und Karrieren begründen, die die eigene Unabhängigkeit in Frage stellen, weil der Erhalt der eigenen Machtposition nur in Abhängigkeit zur Partei möglich ist. Mit einer zeitlichen Begrenzung schafften wir einen Erneuerungsrhythmus, der ganz automatisch neue Gedanken und Positionen generiert und dabei die Unabhängigkeit des Mandates wahrt.

Gleichzeitig wird verhindert, dass sich ewige Meinungshochburgen bilden, die über die Jahre und Jahrzehnte zu einer unangreifbaren Festung verschmelzen, die von einem ebenso ewigen harten Kern bewohnt und weiter ausgebaut wird – damit dort niemand anders einziehen kann.

Genau diese Entwicklung ist es, die uns Sorgen bereiten muss. Denn sie bedingt zusätzlich ein weiteres schwerwiegendes Problem: Denn auch die Verwaltungsebenen unterhalb der hohen politischen Ämter nehmen eine ähnliche Entwicklung und werden zur Feste. So werden Machtstrukturen immer weiter ausgebaut und auf ewige Zeiten eingerichtet. Das Erreichen des Pensionsalters wird oft zum einzigen Limit. Weil auch hier die bestimmenden Positionen eben von denen besetzt werden, die im politischen Apparat ihre Position zu sichern suchen und sich dort einrichten.

Doch kein System und keine Regierung ist so gut, als dass sie über 30 Jahre das Land steuern könnte, ohne dabei problematische Machtgebilde erwachsen zu lassen. Gerade der Freistaat Sachsen ist ein leuchtender Beweis für diese These. Hier, wo seit der Wende eine Partei bestimmend regiert. Hier haben sich auch Verwaltung und Ministerialbürokratie zu einer eigenen Macht entwickeln können, weil sich im politischen Orbit nichts oder nur wenig ändert.

Es ist ein Apparat entstanden, der eine eigene Dynamik entwickelt hat. Der immer umfassender wird und dem es inzwischen weitgehend egal ist, wer unter ihm regiert. Die Auswirkungen dieses Apparats werden nicht nur mir deutlich. Ich selbst hörte in persönlichen Gesprächen mit Ministern mehr als einmal, dass sie diese oder jene gute Idee nicht verfolgen können, weil sie – Zitat – «dies in ihrem Haus nicht durchsetzen können». Solche Aussagen erinnern an die zahlreichen Anhörungen zu verschiedenen Erleichterungsansätzen von Vorhaben und Regelungen, die es immer und immer wieder gibt. Und in denen Verwaltungsvertretungen stets jedweden Veränderungsvorschlag als «nicht durchführbar» und «rechtlich bedenklich» so lange zerreden, bis wirklich alle glauben, es ginge nicht anders. Und wer dennoch weiter an der Nichtveränderbarkeit zweifelt, der wird mit einem paragraphenstrotzenden Pamphlet nachträglich in die Schranken gewiesen.

Nein. Das kann nicht der zukünftige Weg unserer Demokratie sein. Veränderung muss her, und die Begrenzung der Amtszeiten und die damit verbundene stetige Änderung der Sichten und der Wegfall von Abhängigkeiten sind ein Schritt in die richtige Richtung.

Selbst ich als Bürgermeister bin der Überzeugung, dass in meinem Fall dann insgesamt 14 Jahre im Amt genug sein sollten. Auch wenn auf kommunaler Ebene der Druck, Amtszeiten zu beschränken, aus meiner Sicht nicht so zwingend wäre: Hier entscheiden sich die Bürgerinnen und Bürger schließlich ganz direkt für oder gegen eine Person. Und haben zudem in der Regel über die Hauptsatzungen der Städte und Gemeinden immer die Möglichkeit, per Bürgerentscheid auch die amtierende Bürgermeisterin bzw. den Bürgermeister vorfristig in Frage zu stellen, wenn sich eine Mehrheit dafür findet.

Dieses interessante und wichtige Sicherungsinstrument lokaler Demokratie gibt den Wählerinnen und Wählern als Souverän Steuerungsmöglichkeiten, die ihnen auf anderen, höheren Ebenen der Politik nicht zur Verfügung stehen. Und selbst wenn das kollektive Gedächtnis bei der nächsten Landtags- oder Bundestagswahl eine Kandidatin oder einen Kandidaten wegen auffallender Schlechtleistung einholt: Ein Listenplatz kann im Zweifel immer noch den Weg ins Parlament ebnen. Es wird Zeit, über diese Form des Wahlrechtes nachzudenken, der solche Entwicklungen möglich macht.

Rein in die Parteien!

Ich bin der Ansicht, dass unser Parteiensystem von dem stetig wachsenden Machtanspruch durchzogen ist. Ob dieser Machtanspruch geregelt ist und korrekt abläuft, wird nicht nur durch die Anzahl der Legislaturen bestimmt, die Abgeordnete im

Mandat verbringen. Bei dieser Frage spielt auch eine Rolle, wie stark oder schwach eine Basis eingebunden ist, wie sehr sie ertüchtigt und informiert wird und welche Kompetenzen, ja, welches Gewicht diese am Ende wirklich hat.

Hierzulande kann man getrost sagen: Den Parteispitzen droht von ihrer jeweiligen Basis kaum Gefahr. Und das auch nicht ohne Grund. Meist über Jahre hat man die Pflege der kleinen Parteizellen vor Ort vernachlässigt und in der Priorität der eigenen Arbeit deutlich herabgestuft. Politische Arbeit wird hier nur selten wirklich betrieben oder gar gefördert. Viele dieser Gruppen an der jeweiligen Basis existieren aus sich selbst heraus. Objektiv betrachtet, sind die wenigsten Mitglieder der Parteien tatsächlich verantwortlich in deren Arbeit eingebunden. Ein Fehler, den die Parteivölker zumeist auch hinnehmen. Denn selten sind Entscheidungen bzw. Einmischungen von ihnen tatsächlich auch gefragt. Oder werden gar von ihnen eingefordert.

Und wenn die Zustimmung der Mitglieder gefragt ist, dann wird dies über das Delegiertenmodell bei Parteitagen oder eine dann einsetzende Agitation für ein abzustimmendes Ziel gut abgesichert. Vor allem immer dann, wenn es wirklich um etwas geht. Wie zum Beispiel bei der Frage des Spitzenkandidaten oder der Listenplatzbesetzungen bei anstehenden Landtagswahlen. Auch hier gewinnt in der Regel weder die Basis noch der bessere Kandidat bzw. Gedanke. Hier gewinnen meist jene, die Orts- bzw. Kreisverbände hinter sich haben, die ausreichend groß, organisiert und von ihnen dominiert sind. Oder die vom professionellen Teil der Partei vorgeschlagene Auswahl.

Ähnlich verhält es sich, wenn es um Inhalte geht. Nur wenige an der Basis sind in der Lage, ein Thema tatsächlich durch die parteipolitischen Instanzen zu bringen. Wem es nicht gelingt, die Köpfe der Partei für ein Thema im Vorfeld zu erwärmen, der landet bei einem Programmparteitag schnell im Drei-Minuten-Antragsredemarathon zur schläfrigen Mittagszeit. Ohne jegliche Aussicht auf Erfolg. Die Punkte, die die Parteispitzen für wichtig halten, werden in der Regel priorisiert den Delegierten auf den Weg gegeben. Diese stimmen somit oft mit einer klaren Zielvorgabe von oben ab und nicht aufgrund der vorhergehenden Diskussion.

So bestimmen trotz breiter Debatte stets die, die führen. Selten, dass dieses System nicht funktioniert. Es greift selbst bei schicksalhaften Entscheidungen. Notfalls über das Narrativ der Alternativlosigkeit.

Lassen Sie mich ein Beispiel nennen. 2019 ging es um die Beteiligung meiner SPD an der Keniakoalition in Sachsen. Hier war das Storytelling klar: Entweder, wir sind an der Macht, können so wenigstens ein bisschen mitmischen – oder, wir sind raus. Welche Parteibasis stimmt in so einem Kontext nicht für die Beteiligung an einer Regierung? Dass diese Regierung den eigenen Zielen eher im Weg steht, als diese zu fördern, spielt bei einer solchen Fragestellung keine Rolle mehr. Warum wurde in dieser Situation nicht zumindest die Option diskutiert, sich in der Opposition inhaltlich und thematisch neu aufzustellen, um das massiv angekratzte Vertrauen der Wählerinnen und Wähler zurückzugewinnen? Nicht einmal bei der verheerenden Entscheidung im Bund zur Bundestagswahl 2017 setzten sich die ursprünglichen Werte der Partei durch, als die SPD trotz vorherigem kategorischem Ausschluss einer großen Koalition dann doch umkippte.

Nein. Auch hier stimmte die Basis ihre SPD nach massivem Druck der Parteispitze zum historischen Wortbruch. Damit leitete sie einen seither stetigen Abstieg in die Bedeutungslosigkeit der gesamten Partei ein. Und auch hier ging es um den kurzfristigen Erhalt der Macht, dem langfristiges Denken geopfert wurde.

Die Diskussion über eine Alternative, nämlich die der Neuaufstellung in der Opposition, wurde aktiv vermieden. Weil sich jene, die von einem «Weiter so» profitierten, es einmal mehr schafften, Mehrheiten zu organisieren. Aus diesem Grund fand sich die SPD in der Situation wieder, dass in Sachsen zu keinem Zeitpunkt nach der durchzitterten Landtagswahl eine ehrliche Debatte darüber geführt werden konnte, wie 7,7 Prozent als Ergebnis zustande kommen konnten. Ob dies für eine Regierungspartei akzeptabel ist und was wir falsch gemacht haben könnten. Und vor allem auch nicht darüber, was wir anders machen müssen. Damit meine ich noch nicht einmal zwingend eine Personaldebatte. Mit der erneuten Beteiligung an der Regierung war eine inhaltliche Diskussion weitgehend vom Tisch – mit Ausnahme von kleinen Kreisen, deren Diskussionen nicht öffentlich geführt wurden und die für die Partei als solche genau deshalb auch kaum Wirkung zeigten. Weder nach innen noch nach außen. Tagesordnung vor Erneuerung. Regieren vor Debatte. Tatsächlich sind die Parteigefüge derzeit eher Teil des Problems, als Teil der Lösung.

Die verkrustete, überkomplexe, sich verselbständigende Verwaltung. Die verlorene Fähigkeit, große und komplexe Veränderungen oder Projekte herbeizuführen, ohne dabei grandios zu scheitern. Und die daraus resultierende Langsamkeit bei der Entwicklung von Zukunft, während sich der Rest der Welt rasend fortbewegt. Dies alles hat seine Ursache in der Art und Weise, wie wir Politik organisieren. Und dies alles kann und wird sich nur ändern, wenn Veränderung zu einem festen Teil des Systems wird. Und der Mut, auch mal zu scheitern, akzeptierte Regel. Die Menschen spüren, dass es nicht so weitergehen kann. Nicht nur jene, die im Widerstand die Verweigerung proben. Auch die, die sich engagieren wollen. Und sie suchen sich andere Wege. Bewegungen wie Fridays for Future beispielsweise haben bis heute keine wirkliche Bindung zur etablierten Politik gefunden. Es gibt keinerlei Andockpunkte. Warum? Weil diese Bewegung sehr zielgerichtet Veränderung erreichen will. Schnell, grundlegend, ohne Rücksicht auf Lobbygruppen und etablierte Strukturen. Und noch dazu in vielen Bereichen, bei denen Veränderungen einen Großteil der Bürgerinnen und Bürger betreffen würden. So einschneidend, dass keine Partei mit Blick auf die eigene Machtsicherung diese Themen wirklich aufzunehmen bereit ist. All dies geschieht, obwohl alle wissenschaftliche Prognosen dafür sprechen, diesen Bewegungen Gehör zu schenken und ihr Anliegen zu unterstützen. Ein klassisches Beispiel politischer Unfähigkeit und Paralyse.

Keine Frage. Wir müssen die Parteien verändern. Denn diese sind in einer repräsentativen Demokratie wie der unseren der wichtigste Motor. Doch der stottert. Gerade jetzt, wo wir so vieles tun müssten, wo so viele Herausforderungen bewältigt werden müssten. Gerade jetzt bräuchten wir die Kraft des Maschinenraumes der Parteien, um die breiten und wichtigen Diskussionen zu suchen, die die Gesellschaft gerade braucht. Auch und gerade mit denjenigen, die uns nicht hören wollen. Gerade in solchen Spannungsräumen, wie wir sie derzeit erleben, beginnt die politische Arbeit. Und sie besteht nicht nur aus einer Verkündung von Maßnahmen. Sie besteht vor allem aus Zuhören, aus transparenter und menschlicher Kommunikation. Und einem klaren, nachvollziehbaren Handeln. Das muss unsere Priorität sein. Gerade, um die wiederzugewinnen, die politisch oft pauschal ausgegrenzt werden, weil sie den klassischen Politikbetrieb grundsätzlich in Frage stellen. Und sich nun, da die Pandemie auch hier unsere Fehler offenlegt, im vermeintlichen Widerstand gegen die Schutzmaßnahmen den kleinsten gemeinsamen Nenner für ihre Wut gefunden haben.

Dass wir nicht so Politik machen, dass wir nicht die Kraft haben, auf diese außerparlamentarische Masse adäquat und souverän zuzugehen, hat nichts oder nur sehr wenig mit der Pandemie zu tun. Vielmehr befinden sich Parteien inzwischen im Verteidigungs- und Grabenkampf. Wagenburg statt offenem Streit. Doch das ist falsch. Diese Menschen im «Widerstand» sind keine verlorenen Radikalen.

Sie sind Ergebnis jahrzehntelanger Fehlentwicklung, die größtenteils die Parteien zu verantworten haben. Das Virus, das uns von echter Veränderung im politischen Raum abhält, heißt nicht COVID-19. Es heißt Machterhalt. Wir brauchen einen Neuanfang. Wir müssen jetzt überlegen, wie wir all diese Fehlentwicklungen, dieses selbstsichernde Taktieren, dieses ewige «Weiter so» beenden. Bevor unsere Demokratie nicht mehr zu retten ist.

Entern wir die Parteien. Gründen wir welche! Bringen wir uns als Bürgerinnen und Bürger aktiv ein. Hören wir auf zu jammern. Verschaffen wir uns nicht nur Gehör, sondern auch eine Stimme. Bringen wir damit unsere Sicht der Dinge ein und gestalten wir endlich wieder mit. Lasst uns Bürgerräte gründen, die die gewählten Gremien begleiten und beraten, die Stadt- und Gemeinderäte positiv begleiten und unterstützen. Lasst uns das Land, die Städte und Gemeinden wieder an einen Tisch bringen. Gerade in diesen Zeiten, da das Land und die Gesellschaft einer

Prüfung unterzogen werden und wir einen gemeinsamen Plan brauchen, wie wir die Folgen der Coronapandemie gemeinsam bewältigen. In Zeiten, in denen wir uns alle anpassen und ändern müssen. Jetzt ist auch die Zeit, neue Wege zu gehen. Wir müssten unser bisheriges System öffentlich hinterfragen und aushalten, was daraufhin auf uns niederprasselt. Ein reinigendes Gewitter, nachdem klare Luft über der Landschaft liegt. Die klare Ausrichtung auf die Basis vor Ort.

Die Stärkung der Demokratie im Selbsterfahrungsraum Kommune. Das muss ein Schwerpunkt der politischen Arbeit werden. Wir müssen denen Vertrauen schenken, die eigentlich der Souverän des Landes sein sollten. Nur so werden wir auch im Gegenzug wieder Vertrauen zurückgewinnen können. Das ist es, was wir jetzt brauchen. In allen Parteien. Im Osten wie im Westen.

Lasst uns streiten! Aber richtig.

Doch all diese Änderungsimpulse werden nicht umgesetzt, wenn wir – die Bürgerinnen und Bürger dieses Landes – sie nicht einfordern.

Bis zu dieser Stelle werden Sie dieses Buch wahrscheinlich zustimmend gelesen haben. Bisher konnte man sich als Mitglied der Bürgerschaft zurücklehnen. Die Fehler machen andere. Die da oben. Doch das stimmt so nicht ganz. Ja, entschieden haben andere. Aber all das, was in den vergangenen Jahrzehnten an falschen Entwicklungen zu verzeichnen ist, geschah in unserem Namen. In unserem Auftrag und höchst demokratisch abgesegnet. Wir haben es geschehen lassen. Wir haben bei all den Wahlen immer wieder Parteienkonstellationen gewählt, die kein Interesse daran haben, unseren Einfluss zu stärken. Ganz im Gegenteil sogar. Wir müssen also auch bei uns etwas ändern. Und auch hier geht es um einen grundlegenden Strategiewechsel.

Während die Politik vom Kümmern zum Ermöglichen wechselt, müssen wir das Jammern gegen ein produktives Einmischen eintauschen. Das mag einfach klingen, ist aber ein Riesenschritt und eine Herausforderung zugleich. Denn: Die Voraussetzung für echte Veränderung besteht zunächst darin, wieder streiten zu lernen!

Damit meine ich nicht die kommunikativen Gefechte, wie wir sie in der Regel aus den sozialen Netzwerken kennen. Denn daraus entstehen meist nur freudlose und ziellose Endlosdebatten, in denen Fakten keine Rolle mehr spielen. Die keine Lösung kennen. Und kein Ergebnis. Oft tragen sie nur dazu bei, die bestehenden Gräben noch weiter zu vertiefen. Ich meine auch nicht endlose Tiraden über alles, was wir nicht wollen. Solche gebetsmühlenartig vorgetragenen Wiederholungen führen nur selten zu positiven und produktiven Impulsen.

Nein. Ich meine die Fähigkeit, faktenbasiert und fair, aber dennoch hart in der Sache um Lösungen zu ringen, die auf einer gesellschaftlichen Mehrheit basieren. Die das Wir vor dem Ich sehen und die auch dann geeignet sind, Probleme zu lösen, wenn eine solche Lösung mit schmerzhaften Folgen verbunden ist.

All das lässt sich am besten im lokalen Raum anstoßen. Hier, wo man sich kennt, mit den Gesprächen an den virtuellen und realen runden Tischen als primäre Kommunikationselemente.

Und auch in den Kommunalparlamenten können und müssen wir mehr Gelegenheiten zur Teilhabe einfordern. Denn auch wenn der Zugang der Bürgerinnen und Bürger hier sehr viel direkter ist, heißt das nicht, dass sie auch automatisch willkommen geheißen werden. In der sächsischen Kommunalverfassung wird gefordert, dass einmal im Jahr eine Einwohnerkonferenz einzuberufen ist.

Trotzdem ist die tatsächliche Durchführung dieser Veranstaltung eine absolute Seltenheit. Auch bei uns in Augustusburg ist dies nur in Ausnahmefällen erfolgt, weil wir hier eher themenbezogene Runden einberiefen. Was inzwischen auch sehr gut funktioniert. Als wir 2019 einluden, mit Bürgerinnen offen über die Frage zu diskutieren, wo die Stadt denn 2050 stehen solle. Da kamen über 200 Bürgerinnen und Bürger, um über Fragen der Nachhaltigkeit, der Energie und der Demographie zu sprechen.

Aber auch die allgemeine Versammlung werden wir auf die Agenda setzen. 2021 wollen wir damit beginnen, Bürgervollversammlungen einzuberufen. Ohne Themenliste und mit Rederecht für jede Bürgerin bzw. jeden Bürger der Stadt. Vorausgesetzt, die Pandemielage macht es dann wieder möglich.

Reden ist der Anfang. Doch es wird sich nichts verändern, nur weil wir es uns wünschen. Es verändert sich nichts, weil wir uns beschweren oder gar protestieren. Es wird sich nur etwas ändern, wenn wir uns und unser Verhalten verändern. Wenn wir vom Klagen zum Tun kommen. Und wenn wir verstehen, welche Rolle wir im politischen Prozess selbst einnehmen müssen.

Das beginnt damit, dass wir zunächst verstehen, wo wir derzeit stehen – und momentan lautet hier die nüchterne Antwort: Im System spielen wir als Bürgerinnen und Bürger derzeit nur eine Nebenrolle. Unser andauernder, relativer Wohlstand und die alles regulierende, auf sich selbst konzentrierte Politik haben den Großteil der Gesellschaft zu Zuschauenden gemacht.

Das ist und war ein schleichender Prozess, der aber durch die Digitalisierung in seinen Folgen noch verstärkt wurde. Die einen, die anonym, endlos, faktenfrei und verbal wütend aufeinander einschlagen. Die anderen, die digitale Kanäle meiden oder nicht über diese verfügen. Und gerade jetzt, da vieles nur hier noch stattfindet, von dem Diskurs komplett ausgeschlossen sind. Oft sind das die derzeit noch aktivsten Gruppen der Gesellschaft. Älter, aber gerade deshalb noch der Gesellschaft anders verpflichtet. Ihre Stimme fehlt derzeit.

Ein weiterer Wegbereiter für die negative Entwicklung ist die mangelnde politische Grundbildung innerhalb unseres Bildungssystems. All dies führt dazu, dass wir heute komplett verlernt haben, unsere Probleme eigenständig anzugehen und zu lösen.

Die Älteren hatten in der überwiegenden Zahl zu keinem Zeitpunkt die Möglichkeit, Demokratie wirklich positiv zu erfahren. Sie standen unter dem Erfahrungseinfluss der DDR und fanden auch oftmals nach der Wende keinen mitbestimmenden Platz in der für sie neuen Bundesrepublik. Währenddessen haben wir der Nachwendegeneration nahezu planmäßig den demokratischen Lernprozess weitgehend vorenthalten. Demokratieunterricht steht nicht wirklich auf der Agenda. Doch Demokratie braucht Demokratinnen und Demokraten. Und die werden nicht einfach geboren oder wachsen auf Bäumen, sondern werden durch Wissen zur Demokratie befähigt. Hier im Osten war man so sehr darauf bedacht, politische Indoktrination aus DDR-Zeiten aus dem Bildungssystem zu entfernen, dass man gleich jegliches Bemühen dieser Art zusammenstrich, bis praktisch keine politische Bildung mehr übrig blieb.

Wer also weiß eigentlich noch, wie unser demokratisches

System, wie unser Land funktioniert, was das Bürgersein bedeutet und welche Mitwirkungspflicht damit verbunden ist? Immer weniger Menschen. Und das Problem wächst mit jedem Jahr, in dem nicht auf diese Missstände reagiert wird.

Nicht jeder Mensch ist automatisch Bürger. Und nicht jeder Bürger ist automatisch auch ein Demokrat. Was zu der berechtigten Frage führt, ob derzeit die Stimme des Volkes auch wirklich ihren Namen verdient? Manchmal verstärkt sich der Eindruck, dass es sich dabei lediglich um einen Chor sehr vieler Ichs handelt, die sich auf ein und dasselbe Feindbild geeinigt haben. Wenn wir uns so manchen digitalen Diskurs über Politik anschauen, so scheint diese These Berechtigung zu haben.

Schütteln wir diese Lasten ab. Setzen wir einen Punkt, beginnen wir neu und besinnen wir uns auf unsere urdemokratischen Werte. Bringen wir diese auch wieder in die Schulen, und schaffen wir Möglichkeiten, auch junge Menschen an Politik vor Ort zu beteiligen. Denn deren Sicht gehört ebenso in die Politik und ist enorm wichtig, denn sie hat eher die Zukunft im Blick, während wir häufig im Jetzt verharren.

Auch dafür müssen wir arbeiten, denn dieser Prozess ist keineswegs ein Selbstläufer. In Augustusburg zum Beispiel scheiterte der Versuch, ein Jugendparlament zu gründen und zu entwickeln. Nichts geht von selbst. Ein neuer Versuch ist geplant. Ob dieser erfolgreich sein wird, bleibt abzuwarten.

Keine Frage: Wir müssen kämpfen, und es steckt viel Optimismus und Vorstellungskraft in den Thesen, die ich in diesem Buch vertrete.

Mancher wird diesen Ansatz in die Kategorie «naiv» einordnen. Ich habe mich entschieden, auf einen anderen Begriff zu setzen: Hoffnung. Die Hoffnung auf die Vernunft von uns allen. Die Hoffnung, dass wir alle rechtzeitig erkennen, was wir zu verlieren haben, wenn wir die Demokratie an jene verlieren, die keine Demokraten sind. Demokratisch gewählt zu sein, bedeutet noch nicht, auch Verfechter der Demokratie zu sein.

Schon einmal hat dieses Land seine Demokratie selbst gewählt aufgegeben. Schon einmal geschah dies aus einer tiefen Spaltung heraus. Auch damals gab es eine Polarisierung der weitgehend unpolitischen Gesellschaft, die das Ende der Demokratie einleitete und das Land, die Gesellschaft in den Abgrund stürzen ließ. Das darf sich nicht wiederholen.

Bei allem, was es zu beklagen gibt – ich glaube, wir sind als Gesellschaft gewachsen. Wir haben es in der Hand, unser Schicksal selbst zu bestimmen. Dafür brauchen wir keine vermeintlichen Alternativen oder radikalen Gruppierungen, die nur ein Ventil für angestaute, rückwärtsgewandte Wut sind. Wir können etwas verändern, indem wir mitmachen, Druck machen und grundsätzliche Veränderungen einfordern. Und FÜR etwas sind. Diese basisdemokratische Generalüberholung unserer Demokratie ist nicht nur überfällig. Sie ist der einzige Weg, eine friedliche und gute Zukunft des Landes zu sichern und zu erhalten! Wir haben nicht mehr viel Zeit.

Danksagung

Ich danke allen, die meine Diskussionen ertragen, sich ihnen immer wieder stellen. Die mich als anstrengend empfinden und mir doch durch ihre Antworten und Fragen den Spiegel vorhalten. Vor allem aber danke ich allen, die nach wie vor unerschütterlich ihr Ich hinter das Wir stellen. Die immer da sind und sich ohne Blick auf eigene Vorteile einfach für alle engagieren. Weil sie dieses Gefühl des Zusammen in sich tragen. Ihr seid nicht viele. Aber ihr seid die Wichtigsten. Danke.